W0059950

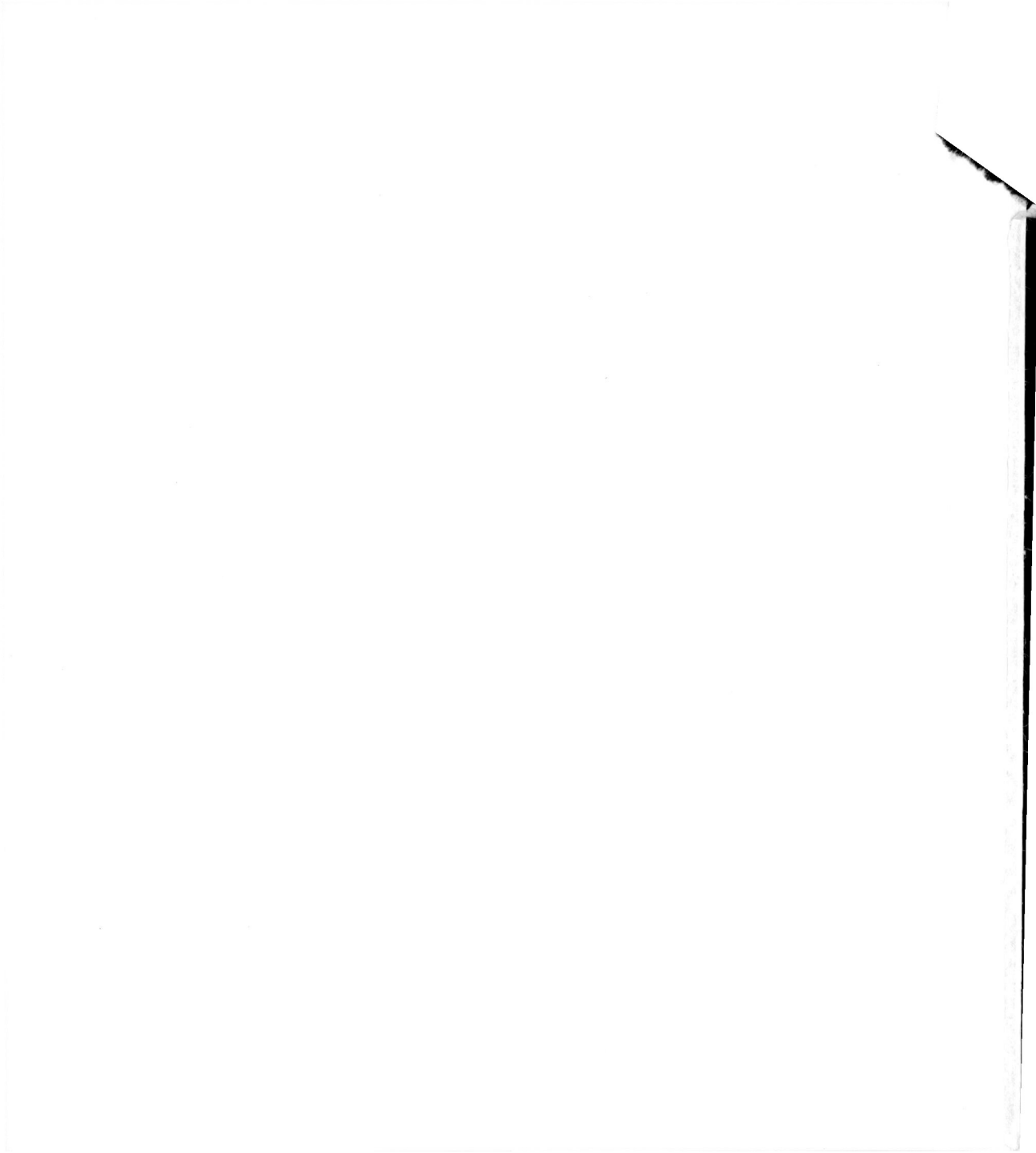

BIBO LOEBNAU

Manchmal liegt der Zauber so nah

arsEdition

Gar nichts tun,
das ist die
allerschwierigste
Beschäftigung
und zugleich
diejenige,
die am meisten Geist
voraussetzt.

OSCAR WILDE

»Hast du mal kurz Zeit, um – nichts zu tun?«

Klingt irritierend, diese Frage, oder? Wer hat heutzutage schon Zeit übrig? Und verplempert sie dann noch mit Nichtstun? Selbst wenn es nur kurz ist.

Die Welt, in der wir leben, ist auf Effizienz aufgebaut. Jeder Moment muss möglichst gewinnbringend genutzt werden. Wer sich dem entzieht, gilt schnell als passiv oder wenig zielstrebig. Ein großer Irrtum! Wie produktiv das simple NIKSEN, wie das Nichtstun auf Holländisch heißt, sein kann, wird in diesem Buch verraten. Lass dich darauf ein, den Zauber des Nichtstuns zu entdecken und zu erfahren, wie du ein entspannteres, zufriedeneres Leben führen kannst.

Ich wünsche dir viel Spaß dabei und eine angenehme Zeit mit diesem Buch!

BIBO LOEBNAU

Was ohne
Ruhepausen geschieht,
ist nicht von Dauer.

OVID

Einfach mal **abschalten** – warum ist das so schwer?

Wann hast du das letzte Mal nichts getan? Also wirklich nichts. Nicht ferngesehen, nicht gelesen, keine Mails gecheckt, keine lustigen Videos gelikt, nicht überlegt, was du heute kochen willst oder wen du noch anrufen musst. Wann hast du dich zuletzt ganz entspannt dem süßen Nichtstun hingegeben, nur deinem Atem gelauscht und den Blick in die Ferne schweifen lassen? Klingt das für dich verlockend? Oder verspürst du beim Gedanken daran ein Kribbeln, die Sorge, dich fürchterlich zu langweilen und diesen Zustand nicht länger als ein paar Minuten aushalten zu können? Mit diesem Gefühl bist du nicht allein.

Uns bleibt oft keine **freie Minute,** meinen wir

In unserer immer schneller werdenden Welt leiden die meisten Menschen an der Unfähigkeit, einfach mal nichts zu tun. Denn sie glauben, alles müsse einem höheren Sinn dienen, geplant und organisiert sein, um möglichst viel Nutzen aus der begrenzten Zeit, die uns zur Verfügung steht, zu ziehen. Statt sich mal zurückzulehnen und in Ruhe zu überlegen, was wir wirklich wollen, verlieren wir uns in den schier unüberschaubar vielfältigen Chancen und Wegen, die sich immer und überall bieten. Bloß nichts verpassen, heißt die Devise.

Selbstoptimierung scheint das Gebot der Stunde zu sein

Bestimmt kennst du das auch: Selbst im privaten Bereich plagt dich der Freizeitstress. Doch du solltest nicht nur Zeit konsumieren, sondern auch reflektieren. Sonst besteht die Gefahr, bei dem Overload an Möglichkeiten, immer etwas tun zu können, gar nicht mehr fertig zu werden. Der Spagat zwischen Selbstakzeptanz und Selbstoptimierung frisst deine Energiereserven langsam auf. Zumal wenn im Job von dir erwartet wird, ständig produktiv zu sein. Dauernd gestresst zu sein gilt in manchen Firmen sogar als Status-symbol und Merkmal für besonders engagierte Mitarbeiter. Ein gewaltiger Irrtum.

Der dauerhafte Leistungsdruck sorgt dafür, dass du dich unwohl bei dem Gedanken fühlst, nur still irgendwo herumzusitzen und die Hände in den Schoß zu legen. War das schon immer so? Wie haben es die Menschen früher geschafft, ohne schlechtes Gewissen stundenlang in einem Café zu sitzen und gemütlich Zeitung zu lesen? Bis in die 1980er-Jahre plagte sie abends nur die Qual der Wahl zwischen überschaubaren drei Fernsehprogrammen. Das können wir uns heute nicht mehr vorstellen.

Inzwischen sorgen das Internet, die permanente Kommunikation per Smartphone und die stetig anwachsende Menge an neuen Serien in immer zahlreicheren Streamingdiensten dafür, dass wir kaum noch zur Ruhe kommen. Sofern uns kein Funkloch ausbremst, haben wir an jedem Ort und ständig die Möglichkeit, uns zu beschäftigen, über Displays zu wischen, zu scrollen und zu tippen. Mit dem Gefühl, das Wissen, die Neuigkeiten und die Geschehnisse der ganzen Welt im Taschenformat dauernd griffbereit zu haben.

Versuch es mal mit einem persönlichen SOS-Mantra:
»Ich atme Ruhe ein und Stress aus.« Während du diesen oder einen ähnlichen Satz im Geiste aufsagst, atme tief ein und lass mit der Luft den Stress und Ärger langsam aus deinen Lungen entweichen. Danach fühlst du dich wohlig geerdet.

Nichtstun hat zu Unrecht ein schlechtes Image

Es kann verdammt anstrengend sein, rund um die Uhr erreichbar und nonstop Teil der »Always on«-Gesellschaft zu sein. Das merken wir leider oft erst, wenn es zu spät ist. Der permanente Leistungsdruck, der Stress, uns ständig selbst zu optimieren, die Suche nach immer neuen Idealen, machen uns auf die Dauer krank. Im schlimmsten Fall sind Burn-out, Depressionen, Angststörungen oder Suchterkrankungen die Folge.

Damit es gar nicht erst so weit kommt, solltest du erkennen, dass Niksen mindestens ebenso wichtig ist wie eine sinnvolle Beschäftigung. **Beim Nichtstun bekommst du die Chance, deine Energiereserven wieder aufzuladen und so Kreativität zu gewinnen, klarer zu sehen, leichter Entscheidungen zu treffen und den Blick auf wirklich lohnende Ziele zu lenken.**

> Kein Tag hat genug Zeit, aber wir sollten uns jeden Tag genug Zeit nehmen.
>
> JOHN DONNE

Nur du entscheidest über dich

Mach dir bewusst, dass nur du selbst über dein Leben bestimmen kannst. Du entscheidest, ob du innehältst und gegensteuerst. Dabei können deine Familie und Freunde dich unterstützen. Nimm dir Zeit für sie, aber vor allem für dich ganz persönlich. Um für andere da sein zu können, brauchst du zwischendurch Quality Time ganz für dich. Schlafen, Lesen, Musikhören oder eine gemütliche Tasse Tee, bewusst genossen, können dich relaxen. Gönn dir mehr Self Care, Me-Time, mehr Liebe und Achtsamkeit für dich selbst.

Du wirst merken, wie viel produktive Energie du aus dem Nichtstun, der echten Entspannung, ziehen kannst. Das macht dich stark und führt zur inneren Zufriedenheit.

Nach und nach wirst du erkennen, was dir guttut, was dein Leben heller und schöner macht.

Das Herz
muss in Harmonie
und Ruhe sein,
dann erst wird
es heiter.

LÜ BU WE

Stresstest – »Wie gestresst bist du?«

Dein erster Schritt auf dem Weg zu einem entspannteren Leben sollte sein, dir bewusst zu machen, wo du im Augenblick stehst. Wie hoch ist dein momentaner Stresslevel? Mit diesem kleinen Test findest du heraus, ob du eine Auszeit dringend nötig hast und ein paar Weichen in deinem Leben neu stellen solltest.

Leidest du unter Schlafstörungen?
a) Nein, ich schlafe jede Nacht gut ein und durch.
b) Manchmal schlafe ich nicht durch oder schlecht ein.
c) Ja, dauernd. Meine Gedanken kreisen, ich brauche ewig zum Einschlafen und wache nachts oft auf.

Lässt du dich schnell ablenken?
a) Nein, ich bin immer voll konzentriert.
b) Das kommt manchmal vor.
c) Ja, sehr schnell.

Sind Lob und Erfolg für dich wichtig?
a) Das ist mir egal.
b) Manchmal schon, aber nicht immer.
c) Ja, sonst macht es mir keinen Spaß.

Wie wichtig ist dir deine Karriere?
a) Ich bin rundum zufrieden mit meinem Job.
b) Ich würde gern vorankommen, weiß aber nicht wie.
c) Meine Arbeit ist mein Lebensmittelpunkt und ich tue alles für meine Karriere.

Wächst dir dein Job über den Kopf?
a) Ich bewältige meine Aufgaben immer mit Leichtigkeit.
b) Was ich heute nicht schaffe, versuche ich morgen zu machen.
c) Die Anforderungen sind mir oft zu hoch.

Bist du schnell gereizt, wenn etwas nicht nach Plan läuft?
a) Nein, da bin ich flexibel.
b) Wenn es mir wichtig ist, schon.
c) Natürlich, denn unnötige Änderungen nerven mich.

Hast du genug Zeit, um dich zu erholen?
a) Ich nehme mir die Zeit, wenn ich sie brauche.
b) Eine Mittagspause bringt mich bei der Arbeit aus dem Takt.
c) Nein, nach Feierabend habe ich natürlich auch noch Familienstress.

Ergebnis:

→ Wenn du fast immer Antwort **a)** gewählt hast, bist du wirklich sehr straight und durchdacht. Vielleicht gibt es aber doch auch Situationen, die dich verunsichern und aus dem Gleichgewicht bringen können. Sei dir bewusst, dass du dir Zeit und Ruhe gönnen darfst und nicht immer gleich reagieren musst, auch wenn es von außen an dich herangetragen wird.

→ Wenn du mehrfach Antwort **b)** gewählt hast, solltest du ein bisschen mehr auf dich achten und von diesem Buch inspirieren lassen. Dein Bedürfnis nach weniger Stress und mehr Zeit für dich solltest du auf jeden Fall ernst nehmen.

→ Wenn du mehrfach Antwort **c)** gewählt hast, brauchst du dringend ein paar Tipps, wie du dein Leben glücklicher und entspannter gestalten kannst. Und genau dafür hältst du jetzt dieses Buch in Händen, das dir dabei helfen wird. Du bist auf dem richtigen Weg, wenn du erkannt hast, dass ein Plus an Ruhe auch ein Plus an Stärke bedeutet.

Wer fühlt sich gestresst?

⟫ *Zu hohe Ansprüche an sich selbst setzen 43 Prozent der Menschen in Deutschland unter Stress.*

⟫ *Sechs von zehn Menschen in Deutschland fühlen sich gestresst – unabhängig davon, ob beruflich oder privat.*

⟫ *39 Prozent der Berufstätigen empfinden eine hohe Stressbelastung, wenn ihr Job erfordert, dass sie ständig erreichbar sein müssen.*

⟫ *Drei Viertel der 18- bis 29-Jährigen sagen, ihr Leben sei stressiger geworden. Im Vergleich dazu sind es bei den 40- bis 59-Jährigen nur gut 60 Prozent, zwischen 60 und 70 Jahren sogar nur 36 Prozent.*

Wenn man seine Ruhe nicht in sich findet,
ist es zwecklos, sie andernorts zu suchen.

FRANÇOIS DE LA ROCHEFOUCAULD

HÖR AUF DEINEN KÖRPER – NICHTSTUN IST GESUND

Wer nichts tut, ist nicht untätig

Wissenschaftler haben entdeckt, dass unser Gehirn beim ziellosen Nichtstun absolut nicht untätig ist. Stattdessen fanden sie heraus, dass manche Hirnregionen beim Tagträumen, Schlafen oder Meditieren sogar aktiver sind, als wenn wir angestrengt über etwas nachdenken. Wer allzu verbissen nach der Lösung sucht, würgt häufig seine Kreativität regelrecht ab. Deshalb sollte man dem Hirn lieber mal Ruhe gönnen. Denn genau dann kommen uns oftmals die besten Gedanken, um ein Problem zu lösen. Ohne die permanente äußere Informationsflut hat das Gehirn die Möglichkeit, auf dein gespeichertes »inneres Wissen« zurückzugreifen – auf deine Erinnerungen, all die Dinge, die du irgendwann mal gelernt, unbewusst aufgeschnappt und vielleicht wieder vergessen hast.

Stopp die Reizüberflutung

Kennst du dieses beunruhigende Gefühl, dass die Zeit immer knapper wird? Sehnst du dich nach Momenten der Muße und fürchtest gleichzeitig nichts so sehr wie das Nichtstun und die Langeweile? Wir leiden tagtäglich an Reizüberflutung und dem Eindruck, ständig überfordert zu sein. Trotzdem scheinen uns noch schnellere Datenleitungen und noch leistungsfähigere Smartphones erstrebenswert. Du ahnst sicher, dass das auf die Dauer nicht gesund sein kann.

Was passiert eigentlich, wenn du unter Stress stehst?

Dann schüttet dein Körper jede Menge Adrenalin und Cortisol aus. Diese Hormone sorgen dafür, dass dein Herz schneller schlägt, der Blutdruck steigt und dein Gehirn auf Hochtouren läuft. Dabei verbraucht dein Körper Energie in Form von Fetten und Zucker, um ihn leistungsfähiger zu machen. Eine durchaus sinnvolle, natürliche Reaktion, um echte Stresssituationen bewältigen zu können.

Wenn du allerdings dauerhaft unter Stress stehst und dein Körper nie zur Ruhe kommt, wird es kritisch. Der übermäßige Fett- und Zuckerverbrauch führt zu Fressattacken und du kannst dich nicht mehr richtig konzentrieren. Kopfschmerzen, unruhiger Schlaf, Rückenprobleme, Gereiztheit und Tinnitus sind nur einige der möglichen Folgen. Am besten solltest du die Notbremse ziehen, bevor du solche Symptome an dir beobachtest, denn im schlimmsten Falle kann übermäßiger, lang anhaltender Stress sogar der Auslöser für Depressionen sein.

Lerne, ruhig
zu bleiben.
Nicht alles verdient
eine Reaktion.

Wie sich Nichtstun auf dein körperliches Wohlbefinden auswirkt

Dein Körper braucht Entspannungsmomente! Wenn du ständig unter Strom stehst, verlernt dein Körper immer mehr, zu entspannen. Stattdessen machen scheinbarer Leerlauf und das Alleinsein mit dir und deinen Gedanken dich nervös. Das Resultat ist eine innere Unruhe, selbst wenn du eigentlich gerade gar nichts zu tun hast. Umso wichtiger ist es, sich regelmäßig dem reinen Nichtstun hinzugeben und zu lernen, die Ruhe bewusst zu genießen.

Von »nichts« kommt was – und sogar sehr viel

Niksen ist messbar gut für Körper und Seele. Beim Nichtstun verlangsamt sich die Aktivität der Gehirnwellen, das Gehirn beschäftigt sich quasi nur mit sich selbst. Was für ein beruhigender Gedanke. Das Nichtstun sorgt dafür, dass der Blutdruck sinkt. Gleichzeitig werden der Energiehaushalt des Körpers optimiert und das Immunsystem gestärkt. Die dadurch gewonnene Kraft und Energie führen zu besserer Gesundheit und höherer geistiger Klarheit.

Wissenschaftliche Untersuchungen haben ergeben, dass Momente des Nichtstuns sehr wichtig sind. Auszeiten sind nicht nur erholsam, sie stärken das Gedächtnis und sind absolut unerlässlich für unser seelisches Gleichgewicht. Der Mensch braucht dringend Ruhezeiten, in denen er mit sich selbst Kontakt aufnehmen und sein Innerstes wieder spüren kann.

Wie sieht es bei dir mit dem Abschalten aus?

Was tust du, um dich vom Alltagsstress zu erholen? Die meisten Menschen kümmern sich in ihrer Freizeit vor allem um die Fitness ihres Körpers, machen Sport und ernähren sich gesund. Immer neue Food-Trends wie Paläodiät, Omega-3-Food, Slow Food, Clean Eating und Superfood suggerieren, dass die Optimierung der Ernährung automatisch zu Glück und Gesundheit führt. Darüber solltest du nicht vergessen, dass nicht nur dein Körper deine Aufmerksamkeit braucht, sondern auch deine Seele.

Alles, was du brauchst, bist du selbst.

Schenk dir Me-Time

Während du dich beim Essen zurückhältst, überfütterst du dein Hirn permanent mit viel zu vielen Informationen und überreizt dabei eines deiner wichtigsten Organe. Dein Gehirn ist dankbar für Zeiten der Regeneration, des Nichtstuns, der absoluten Ruhe. Wenn du diese Ruhephasen vernachlässigst, führt das automatisch zu Stress und Rastlosigkeit. Die chronische Geschäftigkeit schädigt deine Gesundheit – dein Herz-Kreislauf-System, das Immunsystem, den Hormonhaushalt und die Fettverbrennung.

Wahrscheinlich denkst du jetzt: »Klingt alles logisch, aber fürs Niksen habe ich im Moment keine Zeit.« Es ist ein gefährlicher Denkfehler, zu glauben, dass du die Ruhe erst dann genießen kannst, wenn du mit allem anderen fertig bist. Denn wann soll das sein? Fang lieber jetzt gleich an! Denk einfach mal nur an dich, nimm dir Zeit für dich, schenk dir Me-Time und probiere es aus – zum Beispiel mit einer ganz einfachen Entspannungsübung (auf der übernächsten Doppelseite), für die du nicht viel Zeit brauchst. Nur etwas Muße.

Zeit nur für dich – ein paar Ideen:

- ⤳ Mal ein Bild aus
- ⤳ Gönn dir einen Besuch beim Friseur
- ⤳ Geh ins Museum und lass dich von Kunst inspirieren
- ⤳ Probiere ein DIY aus
- ⤳ Träume dich an deinen Lieblingsort
- ⤳ Entspanne dich mit ein bisschen Yoga

Gib jedem Tag die Chance,
der schönste deines Lebens
zu werden.

MARK TWAIN

2-MINUTEN-ENTSPANNUNG MIT ATEM-MEDITATION

Überfordere dich nicht. Fang ganz behutsam an. Wenn du gestresst bist, wirst du es auf Anhieb kaum aushalten, fünf Minuten lang stillzusitzen. Darum setze dir lieber überschaubare Ziele. Dann kannst du nach und nach die Spanne deiner Atemmeditation steigern. Du sollst dich dabei wohlfühlen und es genießen. Deshalb genügen für den Anfang zwei Minuten.

Egal, ob du ausreichend Zeit hast, um dafür in den Park oder Garten zu gehen, in der Mittagspause eine ruhige Ecke findest oder zu Hause eine Pause machst: Setz dich hin und versuche, in deiner unmittelbaren Umgebung etwas Schönes zu entdecken, an dem du dich erfreuen kannst. Das kann ein Baum sein, vorüberziehende Wolken, ein Gänseblümchen auf der Wiese oder eine hübsche Lampe, die Grünpflanze auf dem Fensterbrett, ein buntes Bild an der Wand – in allem kannst du etwas Schönes erkennen, auf das du dich konzentrierst.

Ach, und mach dich nicht verrückt, wenn es mit der tiefen Entspannung nicht auf Anhieb klappt. Es ist ganz normal, dass deine innere Stimme versucht, dir dazwischenzuquatschen, obwohl du dir vorgenommen hast, still zu sitzen und an nichts zu denken. Es kann ein bisschen dauern, bis du wirklich runterkommst. Anfangs wirst du vermutlich erstaunt sein, was trotz der angestrebten Leere noch alles in deinem Kopf los ist. Nimm es als eine Bestandsaufnahme deiner Befindlichkeiten und beobachte, wie es von Mal zu Mal ruhiger in dir wird.

**Nun konzentriere dich
auf deinen schönen Fixpunkt
und halte kurz inne.**

○ Atme ruhig und tief durch. Sei ganz bei dem, was du schön findest.
   Widme ihm deine ganze Aufmerksamkeit. Spüre diesem Empfinden nach.
○ Schließe die Augen und nimm wahr, wie deine Atmung geht:
   Langsam oder schnell?
○ Atme bewusst durch die Nase ein – und atme bewusst wieder aus.
○ Atme tief ein und langsam wieder aus.
○ Es ist normal, wenn deine Gedanken dabei abschweifen, ärgere dich
   nicht darüber. Kehre einfach wieder zurück zur Beobachtung deines Atems.
○ Atme ein und atme aus und nimm diesen Vorgang des Atmens
   bewusst wahr.
○ Ein und aus.
○ Spüre nur deinen Atem, ohne ihn zu beeinflussen, begleite den
   Atemfluss mit deiner Aufmerksamkeit, das Kommen und Gehen.
○ Spüre, wie die Luft durch die Nase eintritt und durch die Nase wieder
   ausströmt, wie sich dein Brustkorb beim Einatmen weitet und im
   Ausatmen wieder entspannt.
○ Folge so dem Atemfluss und beobachte ihn.
○ Lass dann den Atem wieder fließen, ohne ihn zu beobachten.

Öffne die Augen, lächle und versuche, diese Achtsamkeit dir selbst
gegenüber noch eine Zeit lang mit in den Alltag zu nehmen.

Meditation
verleiht uns inneren
Frieden, der aus
der Stille des Geistes
hervorgeht.

DALAI LAMA

Nur im ruhigen Teich
spiegelt sich das Licht
der Sterne.

BUDDHA

Nichtstun ist die beste Burn-out-Prävention

Die Weltgesundheitsorganisation WHO stuft Stress als eine der größten Gesundheitsgefahren des 21. Jahrhunderts ein. Wer dauernd unter Stress steht und sich keine echten Erholungspausen gönnt, läuft Gefahr, an einem Burn-out-Syndrom zu erkranken. Nicht nur übermäßige Arbeit führt dazu. Auch Dauerstress in der Freizeit sorgt dafür, dass du dich ständig überfordert fühlst und das Vertrauen in deine eigenen Fähigkeiten verlierst.

Doch du kannst dem vorbeugen! Eine Untersuchung niederländischer Psychologen hat bestätigt, dass konsequentes Niksen zu wirklicher Erholung führt und vor einem drohenden Burn-out schützt.

Doch was kannst du tun, um der Erkrankung rechtzeitig vorzubeugen?
Auf körperliche Fitness und gesunde Ernährung zu achten, reicht da
nicht. Was du brauchst, ist Ruhe.

Der beste Weg zur Burn-out-Prävention ist das konsequente Nichtstun. Dabei geht es nicht um Effizienz und Nutzen, sondern ganz simpel ums entspannte Abhängen – stilles Dasitzen, Nachdenken oder Tagträumen –, um deine Akkus wieder aufzuladen.

Meine Nichtstun-Momente im Alltag

Vielleicht hast du vergessen, wie das geht — einfach mal nichts zu tun? Die folgenden Ideen sollen dich dazu inspirieren, deine eigenen Nichtstun-Momente im Alltag zu finden.

Warten ohne Ungeduld

Wenn du an einer Haltestelle auf den Bus oder die U-Bahn wartest, lass das Smartphone stecken und schau einfach mal ein paar Minuten lang nur an die Wand gegenüber. Überleg nicht, ob du es rechtzeitig zu deinem Termin schaffst und was dort alles zu tun ist, sondern schalte bewusst ab und gönn deinem Gehirn ein bisschen Langeweile, lass es in den Ruhemodus gehen. Anschließend fühlst du dich fitter für alles, was du vorhast.

Entfernungen wirken lassen

Bei deiner nächsten Reise im Zug, im Flugzeug oder entspannt als Beifahrer solltest du dir vorher bewusst machen, dass der Weg das Ziel ist. Sieh einfach nur aus dem Fenster und lass die Landschaft an dir vorüberziehen.

Einfach treiben lassen

Wasser wirkt entspannend. Wenn du das nächste Mal schwimmen gehst, solltest du dich nicht nur auspowern, sondern dir auch ein paar Minuten nehmen, das Wasser bewusst zu genießen und zu fühlen. Lass dich mit geschlossenen Augen auf dem Rücken treiben. Atme ruhig ein und aus. Spüre, wie das Wasser deinen Körper trägt. Wenn du kein Schwimmbad oder einen See in der Nähe hast, genieße ein wohliges Bad in der Wanne oder lass dir bei einer ausgiebigen Dusche das warme Wasser über den Körper laufen. Spüre bewusst das sanfte Prickeln auf deiner Haut und genieße das Gefühl.

Grünes für die Seele

Gönn dir eine Portion Grün. Bei einem Spaziergang durch den Wald oder einen Park kannst du tief durchatmen und die Schönheit der Natur genießen. Verzichte auf Jogging und Walkingsticks. Setze deine Schritte langsam und bewusst. Lass dich treiben und den Blick über Bäume, Grünflächen und Pflanzen schweifen.

Die Zeit
vergeht nicht
schneller als früher,
aber wir laufen eiliger
an ihr vorbei.

GEORGE ORWELL

BURN-OUT
FRÜHZEITIG
ERKENNEN

Horch in dich hinein – gehörst du zur Risikogruppe?

Da Burn-out deine körperliche und zugleich deine seelische Gesundheit stark beeinträchtigen kann, ist es so wichtig, sich frühzeitig damit auseinanderzusetzen. Zum Beispiel, indem du dich fragst, ob du deine freie Zeit genießen kannst. Oder wenn dich häufig das Gefühl beschleicht, nichts wirklich zu Ende führen zu können. Oder du eine ständige Unruhe in dir verspürst, sodass du selten zufrieden bist mit dir und der Situation, die du gerade erlebst.

Frag dich ehrlich, ob du nach Feierabend noch mit deinen Gedanken beim Job und ständig für deine Vorgesetzten, deine Kolleginnen oder Kunden erreichbar bist und womöglich liegen gebliebene Arbeit mit nach Hause nimmst. Schaffst du es, einfach mal mindestens eine halbe Stunde auf dem Sofa herumzulungern, ohne aufzuspringen, weil dir eingefallen ist, dass du noch die Katzen füttern, schnell die Wäsche aufhängen oder den Flur saugen könntest? Und selbst wenn du permanent irgendwelche scheinbar notwendigen Dinge erledigst, überkommt dich dennoch das ungute Gefühl, trotzdem nicht alles zu schaffen?

Du neigst dazu, nur die Dinge wahrzunehmen, die gerade schlecht laufen? So rutschst du ungewollt in ein dauerhaftes pessimistisches Denken ab, wodurch das Risiko eines Burn-out-Syndroms zunimmt.

Burn-out ist inzwischen ein Massenphänomen

Bis zu 20 Prozent der Bevölkerung leiden unter Ausgebranntsein oder Erschöpftsein in seinen unterschiedlichen Erscheinungsformen und Schweregraden. Das Burn-out-Syndrom ist die Vorstufe der Stressdepression und der häufigste Grund ist eine berufliche Dauerbelastung. Frauen sind besonders gefährdet, weil sie größtenteils, häufig neben dem Job, die Belastungen durch Haushalt und Familie praktisch alleine stemmen.

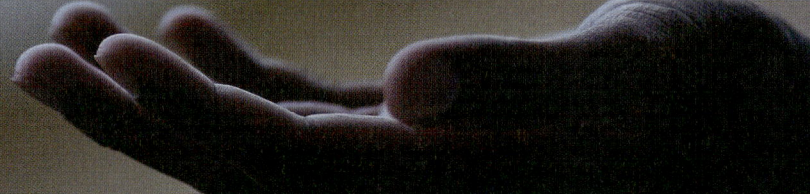

Nichtstun ist besser als mit vieler Mühe nichts schaffen.

LAOTSE

Hör auf die **Signale** deines Körpers

Das Tückische: Burn-out ist ein schleichender Prozess, der mit Energieverlust, reduzierter Leistungsfähigkeit, Gleichgültigkeit und Unlust beginnt. Bei langjähriger Anhäufung von Stress genügt dann häufig ein relativ geringer Auslöser, um die Erkrankung zum Ausbruch zu bringen. Alarmzeichen sind unklare körperliche Beschwerden wie verstärktes Schwitzen, Schwindel, Kopfschmerzen, Rückenschmerzen, Magen-Darm-Probleme, Muskelschmerzen und Schlafstörungen. Sobald sich typische Stresssymptome wie Verspannungen, Gereiztheit, Müdigkeit oder Nervosität zeigen, besteht dringender Handlungsbedarf.

Sei ehrlich zu dir selbst. Wenn die meisten der folgenden Aussagen auf dich zutreffen, besteht das Risiko, an einem Burn-out-Syndrom zu erkranken. Mach dir die Stressfaktoren bewusst und steuere mit gezieltem Nichtstun gegen.

BURN-OUT-
SCHNELLTEST

→ In meinem Leben gibt es einfach zu viel Stress.

→ Es lastet zu viel auf meinen Schultern.

→ Private Kontakte und Freizeitaktivitäten ordne ich meiner Arbeit unter.

→ Ich bin oft krank und habe Schmerzen.

→ Meine Arbeit macht mir keinen Spaß mehr.

→ Ich schlafe schlecht und leide an chronischer Müdigkeit.

→ Manchmal funktioniere ich bloß noch wie ein Roboter.

→ Ich sehe keinen Ausweg, etwas am meiner Lebenssituation zu verändern.

→ Für das, was ich leiste, bekomme ich nicht genügend Anerkennung.

→ Ich fühle mich dauernd frustriert, bin oft nervös, ängstlich, reizbar und ruhelos.

Wenn du befürchtest, bereits an einem Burn-out-Syndrom zu leiden, sollte das unbedingt fachärztlich abgecheckt und gegebenenfalls behandelt werden.

Ein Pessimist
sieht die Schwierigkeiten in
jeder Möglichkeit,
ein Optimist sieht
die Möglichkeiten in
jeder Schwierigkeit.

WINSTON CHURCHILL

Nichtstun macht kreativ

Jeder Mensch ist kreativ, doch nicht jeder nutzt und pflegt seine kreative Ader. Dabei kann es sehr glücklich machen, etwas aus sich heraus zu erschaffen. Das muss nicht gleich ein großes Kunstwerk sein. Das alte Tischchen, in das du dich irgendwann auf dem Flohmarkt verliebt hattest, steht noch immer in der Ecke, weil du dich nicht entscheiden kannst, wie es verschönert werden soll? Vielleicht kommt dir beim Niksen der zündende Gedanke!

Neben einer bisher fehlenden, kreativen Idee hindert dich vermutlich oft das Gefühl, zu wenig Zeit zu haben, daran, einfach loszulegen und auszuprobieren, was da unentdeckt in dir schlummert. **Über all den alltäglichen Dingen, die dein Leben bestimmen, sollte deine Kreativität aber auf keinen Fall zu kurz kommen.**

Alle Menschen
haben die Anlage,
schöpferisch tätig zu sein.
Nur merken es die
meisten nie.

TRUMAN CAPOTE

Jede Kreativität braucht Freiraum, um sich zu entfalten.

Entspannung hilft dir auf die Sprünge

Bei einer Universitätsstudie kam heraus, dass Testpersonen bei der Lösung einer Aufgabe um 40 Prozent kreativer waren, wenn sie vorher etwas getan hatten, wofür sie sich nicht besonders anstrengen oder konzentrieren mussten. Die Erklärung für dieses Phänomen ist, dass beim konzentrierten, angestrengten Lösen von Aufgaben gerade die kreativen Gehirnregionen heruntergefahren werden. Beim Nichtstun dagegen laufen sie auf Hochtouren. Das erklärt auch, warum uns die besten Ideen genau dann kommen, wenn wir mal abschalten: beim Spazierengehen, unter der Dusche oder beim ziellosen Rumhängen. **Langeweile und totale Entspannung tun dir also nicht nur gut, sondern schenken dir auch noch neue Ideen und Lösungsansätze.**

Kreative Kräfte wecken

Mithilfe des bewussten Niksens kannst du der Kreativität, die in dir schlummert, tatsächlich auf die Sprünge helfen. Wer sich ab und zu aus dem Alltag wegträumt, wird kreativer und wahrscheinlich sogar produktiver.

In deinem Gehirn gibt es drei Netzwerke, die für die Kreativität verantwortlich sind: Das exekutive **Aufmerksamkeitsnetzwerk** sorgt für Konzentration, das **Imaginationsnetzwerk** ist für das Tagträumen verantwortlich und das **Salienznetzwerk** stellt die Verbindungen zwischen deinem gespeicherten Wissen und deiner Umgebung her. **Um kreativ zu werden, müssen diese drei Netzwerke zusammenspielen.**

Step outside of your comfort zone

Stell dir die Kreativität wie einen Muskel vor. Wie jeder Körpermuskel braucht auch sie Training. Um mit deiner Muse in Kontakt zu treten, versuche es mit einem kreativen Workout. Egal, ob du anfangen willst, ein Instrument zu spielen, deine Pullis und Socken künftig selber zu stricken, Gedichte oder Songtexte zu schreiben, Bilder zu malen, Fotos zu schießen oder Videos zu drehen – die Möglichkeiten, dich kreativ auszudrücken, sind unendlich.

Routinen sind da, um gebrochen zu werden

Ein erster Schritt, deiner kreativen Ader auf die Sprünge zu helfen, ist es, regelmäßig aus der Alltagsroutine auszubrechen: Nimm doch mal einen neuen Weg zur Arbeit. Höre einen anderen Radiosender. Oder bereite ein exotisches Gericht mit ausgefallenen Gewürzen zu, das du noch nie probiert hast. Das Motto heißt: **Step outside of your comfort zone!** Verlasse die eingetretenen Pfade und wage etwas Neues.

Neue Aufgaben beflügeln die Kreativität

Es gibt viele Wege, kreativ zu sein – und wenn du etwas Neues ausprobierst, kann es deinem Gehirn helfen, neue Verbindungen aufzubauen und damit eine neue Art von Kreativität zu wecken. Diese kann dir wiederum helfen, auch in anderen Lebensbereichen kreativer zu werden.

KOMM IN DEN FLOW: MIT DIESEN ÜBUNGEN SCHAFFST DU DIR FREIRAUM FÜR DEINE KREATIVE ENTFALTUNG

Die folgenden Übungen kannst du in deinem Alltag ausprobieren. Dir fallen bestimmt auch noch andere Varianten ein, die dir dabei helfen, neue Freiräume zu schaffen. Füll Zeit und Raum, die du neu dazugewinnst, mit deinen eigenen Ideen, Gedanken und kreativen Aktivitäten.

Lass deinen Gedanken freien Lauf

Nimm dir etwas Zeit, schalte Smartphone, Musik und Fernseher aus und schau einen Moment lang nur aus dem Fenster. Such dir einen bestimmten Punkt, einen Baum oder den Balkon gegenüber. Und jetzt lass die Gedanken schweifen. Hör dir beim Denken zu und warte einfach ab, wohin dich dein Gehirn führt. Sobald deine Gedanken auf Wanderschaft gehen, nicht abgelenkt durch andere Reize, die auf dich einprasseln, folgt eine Assoziation der nächsten. Dein Gehirn macht sein eigenes Programm. Aus dem Unterbewusstsein steigen langsam Inspirationen, Wünsche und Sehnsüchte auf. Gib ihnen die Zeit und den nötigen Raum, um sich zu entfalten. Und mit ein bisschen Glück kommt dir schließlich ein kreativer Gedanke, eine neue Idee.

Führe ein »Stress-Tagebuch«, um dir bewusst zu werden, ob du unter Dauerstress leidest. Darin notierst du dir jeden Abend deine Freizeitaktivitäten. Und wenn die irgendetwas mit »Arbeit« oder »Stress« zu tun haben, markierst du sie mit einem Textmarker. Dann versuchst du, diese Stressfaktoren zukünftig zu vermeiden. Es fühlt sich gut an, wenn es nach und nach immer weniger bunte Striche werden.

**Mach dir eine persönliche
Not-to-do-Liste**

Darauf notierst du, was du zukünftig alles nicht mehr machen möchtest.
Diese Liste hängst du an einen gut sichtbaren Ort, damit du sie immer vor
Augen hast. Wenn du immer mal wieder darauf schaust, wirst du deine neuen
Vorsätze mit der Zeit verinnerlichen.

Deine persönlichen Not-to-do-Mantras könnten in etwa so lauten:
Ich werde zukünftig nicht mehr ...
- ○ *... alles immer sofort oder auf einmal erledigen.*
- ○ *... auf Pausen verzichten.*
- ○ *... mein Mittagessen am Schreibtisch essen.*
- ○ *... mein Bauchgefühl ignorieren.*
- ○ *... mich für Dinge entschuldigen, obwohl ich nichts falsch gemacht habe.*
- ○ *... ständig mein Smartphone checken.*
- ○ *... jederzeit erreichbar sein.*
- ○ *... perfekt sein wollen.*
- ○ *... meine Me-Time ausfallen lassen.*

**Welches Mantra passt am besten zu dir?
Welches fällt dir noch zusätzlich ein?**

Der wichtigste
Mensch
in deinem Leben
bist du
selbst.

Nichtstun ist ein guter Weg zur Selbsterkenntnis

Sich selbst zu sehen und sich so anzunehmen, wie man ist, das ist die vielleicht schwierigste Aufgabe. Doch sie ist immens wichtig. Erst, wenn du dich mit all deinen Ecken und Kanten akzeptierst und wertschätzt, lernst du dich selbst wirklich kennen. Und das ist die Voraussetzung, um ein zufriedenes Leben zu führen. Weil das Wissen um dich selbst dich dahingehend beeinflusst, wie du handelst und welche Ziele du dir setzt. Wir sind es von klein auf gewohnt, von den Menschen um uns herum interpretiert und beurteilt zu werden. Doch deren Sichtweise ist eben auch nur eine von vielen und wird uns in ihrer Einseitigkeit oft nicht gerecht.

Mach dir bewusst, dass niemand das Recht hat, dir zu sagen, was du zu tun hast oder wie du fühlen sollst. Darüber entscheidest nur du selbst.

Du bist nicht da, um **perfekt** zu sein

Ein typisches Zeichen, dass es dir an Selbsterkenntnis noch fehlt, ist der ständige Zwei-
fel an den Entscheidungen, die du triffst, und
dass du dich selbst zu hart bewertest. Wenn
du dich besser kennst, führt es dazu, dass
dein Urteil über dich objektiver wird. **Wer sich
selbst und sein Handeln versteht, bewertet
sich freundlicher und ist zufriedener.**

Selbsterkenntnis ist ein Prozess, der ein Leben
lang anhält. Um diesen Prozess zu starten,
brauchst du die innere Ruhe und Muße, die dir
das Niksen verschafft. Gib dir Raum und Zeit,
dich selbst zu entfalten und stärker wahrzunehmen! Die folgende positive Aussage kann
dir dabei helfen, dich selbst weniger kritisch
zu beäugen:

Ich bin nicht da, um perfekt zu sein.
Ich bin da, um da zu sein.

Warum halten wir **Nichtstun** nur so schwer aus?

Das erklärt sich vermutlich aus unserer Evolutionsgeschichte. Jeglicher Fortschritt in der Menschheitsgeschichte setzte Entdeckerfreude und Wissbegierde, also Anstrengung und Aktivität voraus, für die unser Gehirn uns mit der Ausschüttung des Glückshormons Dopamin belohnt. Uninspirierte Langeweile empfinden wir dagegen als öde. Wir haben sogar Angst vor aufkommendem Frust und Melancholie, wenn wir uns zu intensiv mit uns selbst beschäftigen. Das treibt uns an, ständig unter Strom zu stehen, uns mit Äußerlichkeiten zu beschäftigen und uns damit irgendwann zu überfordern.

Aber sobald du diesen Antriebstrick der Natur durchschaut hast, kannst du systematisch gegensteuern und durch gezieltes Niksen deine mentale und seelische Balance, die dich glücklich, kreativ und schlau macht, stärken.

Vorsprung durch **Entschleunigung**

Weniger Dynamik bedeutet auch mehr Entspannung, die permanente Angespanntheit verschwindet und mit ihr mögliche körperliche Stresssymptome. Wenn du dir etwas Muße gönnst, tust du nicht nur deinem Körper, sondern auch deinem Gehirn etwas Gutes. Es braucht ab und zu Leerlauf, einen impulsfreien Raum, um Erlebtes und Gelerntes mit deinen Erinnerungen und Erfahrungen zu verknüpfen. Bewusste Ruhephasen regen genau die Areale im Gehirn an, die für die Selbsterkenntnis zuständig sind. **Daher gehört Nichtstun eindeutig zu den wichtigsten Aktivitäten in unserem Leben und könnte womöglich der einzig wirkliche Weg zur Selbsterkenntnis sein.**

Sei du selbst.
Alle anderen sind bereits vergeben.

OSCAR WILDE

DEIN WEG ZUR SELBSTERKENNTNIS

Der Weg zur Selbsterkenntnis braucht Zeit. Selbstreflexion ist nichts, was automatisch oder mal eben nebenbei passiert. Mithilfe des Nichtstuns kannst du entspannen. Denn du brauchst Ruhe und Stille, bevor du beginnst, dir Fragen zu dir selbst und deinem Verhalten zu stellen, typische Situationen und Emotionen zu analysieren, einzuordnen, zu erklären und schließlich zu bewerten.

Sobald du dich entspannt hast, stell dir Fragen, die etwas tiefer gehen und deine Beweggründe und Gefühle in den Fokus stellen.

○ *Warum verhalte, denke, fühle ich mich in bestimmten Situationen so und nicht anders?*
○ *Was macht mich glücklich? Was ärgert mich?*
○ *Was stört mich an mir? Wie kann ich das ändern?*
○ *Wohin soll mein Weg mich führen?*

Einige der Antworten werden dir vermutlich nicht gefallen, doch es ist wichtig, ehrlich zu dir selbst zu sein. Nimm dir genügend Zeit zur Selbstbeobachtung und Reflexion. Nutze die Ruhe und Stille, die beim Niksen entstehen, um Raum für das Wesentliche zu schaffen.

Lass Leerlauf zu

»Ich kann nicht einfach rumsitzen und nichts tun!«, stöhnen manche von uns. Dabei ist es ganz einfach, die persönliche Stopptaste zu drücken. Du musst dich nur dafür entscheiden, eine Zeit lang mit den Ritualen unserer immer aktiven Gesellschaft zu brechen.

Nimm den Druck raus und lass dich nicht tagtäglich von dem Gefühl antreiben, ständig etwas tun und leisten zu müssen, ob bei der Arbeit oder zu Hause. Denn so kommst du in einen Kreislauf von gefühlt chronischer Zeitnot und permanentem Stress, der Seele und Körper stark belasten kann. Auch wenn es sich zunächst für dich nicht richtig anfühlt, solltest du lernen, auch Phasen des Leerlaufs zuzulassen.

Nichtstun kann jede und jeder

Warum drückt dich dein Gewissen, wenn du mal eine Zeit lang keine Aufgabe erfüllen musst? Vielleicht fühlst du dich nicht ausgelastet, sogar unnütz oder schwach? Das Nichtstun fällt den meisten von uns deshalb so schwer, weil wir von klein auf darauf trainiert sind, ein »nützliches« Mitglied der Gesellschaft zu sein. Um akzeptiert zu werden, sehnen wir uns daher auch später danach, andauernd nützlich und in irgendeiner Form tätig zu sein. Doch das permanente Tun macht auf die Dauer krank. Wir müssen dringend gegensteuern und wieder lernen, auch mal nichts zu tun.

Drück deine innere Stopptaste!

Radikales Data-Detox ist eine Variante, um kurzzeitig den Teufelskreis zu durchbrechen. Sich bewusst selbst abschneiden von jeglicher Möglichkeit, mit »der Welt da draußen« zu kommunizieren und zu agieren, und sich auf sich selbst besinnen, tut sicherlich zwischendurch immer wieder gut. Auch zeitlich begrenzte Rückzüge in ein Yoga-Retreat, ein Kloster oder ein Luxus-Spa sind nur einige der Ziele, die zum Aussteigen aus dem stressigen Alltag einladen. Doch nach dem Urlaub sind wir, trotz aller guten Vorsätze, meist ruckzuck wieder in der alten Tretmühle. Die Erholung hält oftmals nur eine begrenzte Zeit lang an.

Zum Glück gibt es auch andere Möglichkeiten, auf deine innere Stopptaste zu drücken. Sich aus dem permanenten Stress auszuklinken, einen Kontrast zu schaffen, sich zurückzulehnen und einmal einfach nichts zu tun. Dafür genügen für den Anfang schon ein paar Minuten täglich. Abschalten kannst du bei einem Spaziergang, mit ruhiger Musik auf dem heimischen Sofa, aber auch bei ganz banalen Tätigkeiten, die du sonst vielleicht ohne viel Nachdenken erledigst.

So kannst du besondere **Nichtstun-Momente** in deinen **Alltag** integrieren

Gönn dir eine kleine Teezeremonie: Such dir deinen Lieblingstee aus und sieh dabei zu, wie das Wasser langsam zu kochen beginnt. Wenn du das heiße Wasser in die Kanne gießt, beobachte bewusst den Dampf, der dabei aufsteigt. Nun sieh zu, wie der Tee minutenlang zieht und dabei seine Farbe ändert und der Duft intensiver wird. Nimm dir eine schöne Tasse aus dem Schrank, überlege, ob du Zucker oder Honig, Milch oder Zitrone in deinem Tee magst. Stell dir alles bereit, zünde eine Kerze an und mach es dir mit deinem wohligen Getränk gemütlich. Schmecke die köstlichen Aromen und genieße den heißen Tee. Spüre die wohlige Wärme, die sich in dir ausbreitet. So ein kleines Ritual als Pause im Alltag funktioniert natürlich auch mit einer Tasse Kaffee, wenn du sie bewusst zubereitest und genießt.

Gleite durch die Landschaft – in Gedanken: Stell dir vor, du fährst mit dem Fahrrad eine sanft abfallende Strecke mit großen Kurven entlang. Du musst nicht strampeln, sondern kannst dich einfach gleiten lassen. Leg dich in die Kurven, spüre den frischen Fahrtwind in deinen Haaren und wirf in jeder Kurve ein Problem, das dich beschäftigt, ab.

Mach einen Saunagang: Statt dich nach der Arbeit beim Work-out auszupowern, setz dich lieber in die Sauna – egal, ob heiß in der klassischen finnischen oder in einer sanften Dampfsauna. Schwitze dort den Stress des Tages oder der Woche samt allen negativen Gedanken einfach aus.

Es ist besser,
unvollkommene
Entscheidungen
durchzuführen,
als beständig nach
vollkommenen
Entscheidungen zu
suchen, die es niemals
geben wird.

CHARLES DE GAULLE

NICHTSTUN HILFT DIR, BESSERE ENTSCHEIDUNGEN ZU TREFFEN

Die Qual der Wahl

Jeden Tag treffen wir bewusst und unbewusst bis zu 100.000 Entscheidungen. Das macht oft Spaß und bringt dich im Leben weiter. Entscheidungen, die du für dich selbst triffst, geben dir Stärke und Kraft. Andererseits können wir heute rund um die Uhr so viel entscheiden wie nie zuvor. Diese scheinbar große Freiheit verkehrt sich dann schnell ins Gegenteil. Der ständige Druck, sich für etwas entscheiden zu müssen, wird zur echten Qual der Wahl.

Jeder Tag bringt eine neue Kette von Entscheidungen mit sich

Wenn unsere Entscheidungen auch oft unbewusst gesteuert werden, beginnt die Qual der Wahl gleich nach dem Aufstehen: Ziehe ich heute T-Shirt oder Pulli an? Esse ich Müsli oder Toast zum Frühstück? Schinken oder Orangenmarmelade? Nehme ich das Rad oder fahre mit dem Auto? Ob deine – oft nicht mal bewusst getroffene – Wahl gut oder eine Fehlentscheidung war, merkst du erst hinterher.

Der alltägliche Kleinkram hat zum Glück keine großen Auswirkungen auf dein Leben. Aber dich zu entscheiden, ob du das verlockende neue Jobangebot annehmen, mit deinem Partner zusammenziehen oder dein Auto abschaffen sollst, hat am Ende doch sehr viel weitreichendere Konsequenzen. Weil du das ahnst, schiebst du die wirklich schwierigen Entscheidungen lieber auf oder drückst dich ganz davor – oft mit schlechtem Gewissen.

Um klar zu sehen,
genügt ein Wechsel der
Blickrichtung.

ANTOINE DE SAINT-EXUPÉRY

Nimm dir Zeit, auf deine Gefühle zu hören

Um gegen die Entscheidungsnöte etwas zu tun, müssen wir erst mal wissen, welche Faktoren unsere Entscheidungen beeinflussen. Das Hormon Dopamin spielt dabei eine wichtige Rolle. Es verschafft uns ein Gefühl der Belohnung, wenn wir etwas wiedererkennen, uns also bei der Lösung eines Problems für die Alternative entscheiden, die uns vertrauter ist, selbst wenn rational nichts für sie spricht. Ohne es zu merken, werden wir auch durch die Tricks der Werbung, unsere Herkunft, Freunde, Familie und natürlich unsere spontanen Gefühle in unseren Entscheidungen beeinflusst. Wenn allerdings Gefühl und Verstand einander widersprechen, wird es schwierig.

Früher dachte man, dass Menschen sich grundsätzlich rational entscheiden und Gefühle dabei nur stören. Doch das ist ein Irrtum, denn die Mischung macht's. Ganz ohne den Einfluss des Gefühls ist der Verstand hilflos.

Stress ist ein schlechter Ratgeber

Auf deine Gefühle kannst du am besten hören, wenn du dir bei schwierigen Entscheidungen erst mal ein bisschen Niksen gönnst. Bevor ein wichtiger Entschluss getroffen werden muss, solltest du dir einen angenehmen Rahmen schaffen, denn Entscheidungen, die du unter Stress oder hohem Druck triffst, sind oft nicht die besten. Unter Stress wirst du zu sehr von Unsicherheit und Angst beeinflusst, während dein rationales Denken zurückgefahren wird. Stress ist daher eine ausgesprochen schlechte Voraussetzung, um gute Entscheidungen zu treffen. In bedrohlichen Situationen schüttet unser Gehirn Noradrenalin aus, ein Botenstoff, der uns blitzschnell reagieren lässt, aber auch weite Teile der Großhirnrinde abschaltet. Das führt dazu, dass wir praktisch keine rationalen Entscheidungen mehr treffen können und oftmals genau das Falsche tun.

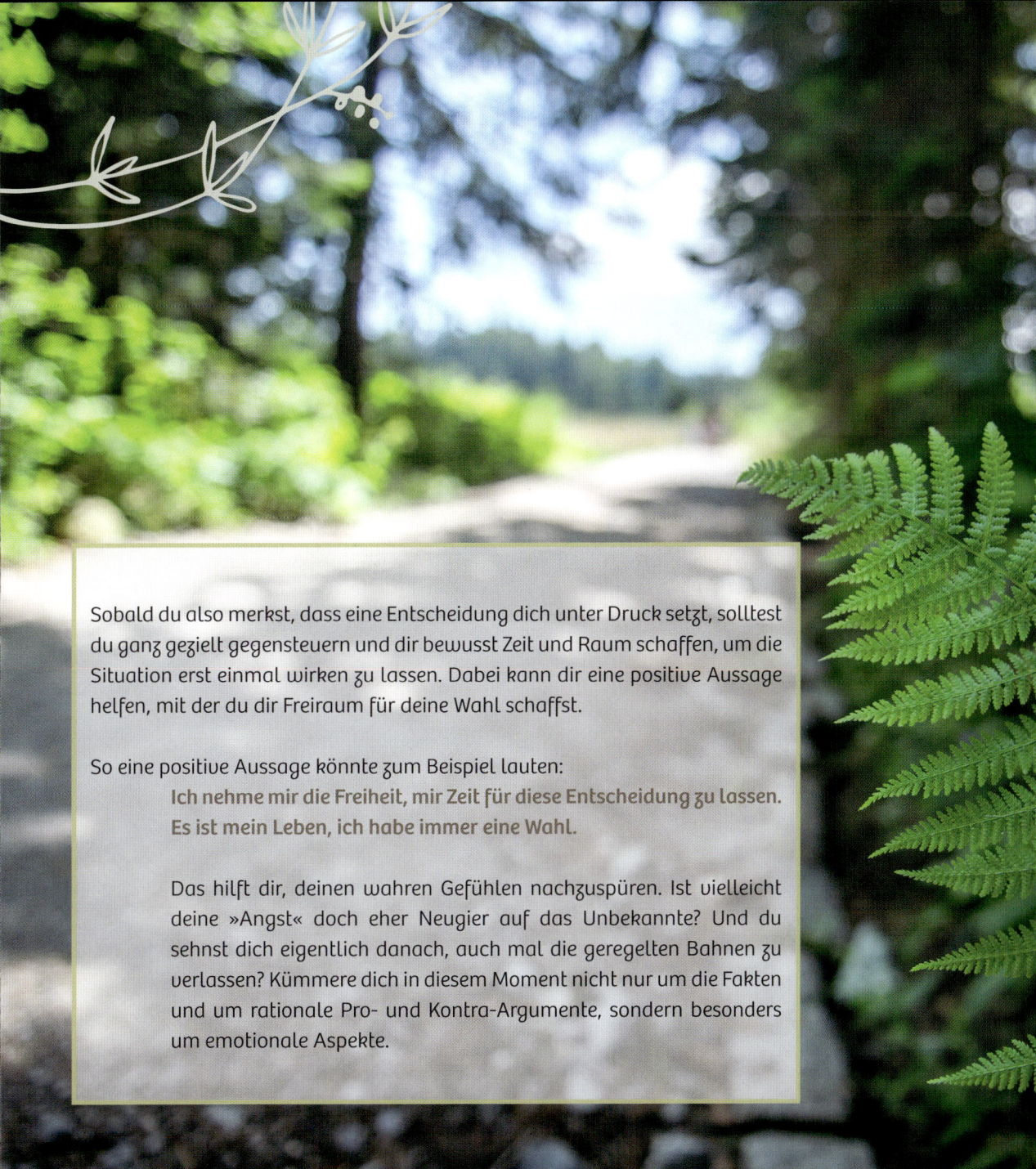

Sobald du also merkst, dass eine Entscheidung dich unter Druck setzt, solltest du ganz gezielt gegensteuern und dir bewusst Zeit und Raum schaffen, um die Situation erst einmal wirken zu lassen. Dabei kann dir eine positive Aussage helfen, mit der du dir Freiraum für deine Wahl schaffst.

So eine positive Aussage könnte zum Beispiel lauten:
Ich nehme mir die Freiheit, mir Zeit für diese Entscheidung zu lassen. Es ist mein Leben, ich habe immer eine Wahl.

Das hilft dir, deinen wahren Gefühlen nachzuspüren. Ist vielleicht deine »Angst« doch eher Neugier auf das Unbekannte? Und du sehnst dich eigentlich danach, auch mal die geregelten Bahnen zu verlassen? Kümmere dich in diesem Moment nicht nur um die Fakten und um rationale Pro- und Kontra-Argumente, sondern besonders um emotionale Aspekte.

NICHTSTUN
HILFT DIR DABEI,
DIE BESSERE WAHL
ZU TREFFEN –
ÜBUNGEN

PROBIERE
VOR DEINER NÄCHSTEN
GRÖSSEREN ENTSCHEIDUNG
DOCH MAL EINE DER
FOLGENDEN ÜBUNGEN AUS ...

Entspannung herbeiführen

Wenn du ängstlich oder nervös bist, spannen sich deine Muskeln ganz automatisch an. Dein Körper verkrampft sich und ist zu keinem klaren Gedanken, keiner Entscheidung in der Lage. In dem Fall solltest du in dich hineinhorchen und dich ganz bewusst auf eine Muskelpartie nach der anderen konzentrieren. Beginne mit den Füßen, wandere weiter rauf über die Waden bis zum Bauch, über den Rücken zu den verspannten Schulterpartien bis hinauf ins Gesicht. Sag jedem einzelnen Muskel, dass er loslassen, sich entspannen soll. Wenn dein Körper wieder locker ist, kannst du deine Entscheidung treffen.

Stille zulassen

Schalte alle störenden Geräuschquellen in deinem Umfeld für eine Weile aus. Radio, Fernseher, Telefon und Computer. Schließe Türen und Fenster, damit keine fremden Gespräche und kein Straßenlärm deine Ruhe stören können. Genieße die Stille, die dich umgibt. Atme bewusst und lass die Gedanken fließen. Wenn du das Gefühl hast, entspannt zu sein, triff deine Entscheidung.

Einatmen, ausatmen

Nimm dir Zeit für dich, setz dich hin, schließe die Augen und achte nur auf deine Atmung. Atme zehnmal bewusst ein und aus. Entspanne dich und horche in dich hinein, erkunde und erspüre ganz in Ruhe deine Gefühle und körperlichen Reaktionen. Wenn du schließlich entspannt bist, kannst du deine Entscheidung viel besser treffen.

Übrigens: *Wenn wir gut aufgelegt sind, sind unsere Entscheidungen richtiger. Deshalb ist es wichtig, seine Wahl in positiver Stimmung zu treffen. Bevor du dich das nächste Mal mit einer Entscheidung quälst, versetz dich in gute Laune: mit einer Entspannungsübung, einer kreativen Tätigkeit, einem netten Gespräch oder einer nicht allzu erschöpfenden Joggingtour. Du selbst weißt am besten, was dir guttut!*

Falsche Entscheidung – was nun?

Dass deine Entscheidungen trotzdem nicht immer perfekt sein werden, ist eine Tatsache, die auch mit den besten Entspannungsübungen nicht ganz zu ändern ist. Aber das ist kein Drama. Mach dir bewusst: Wer entscheidet, kann auch Fehler machen, doch er nimmt sein Leben selbst in die Hand. Ohne eigene Entscheidungen würdest du dich nur durch andere beeinflussen lassen. Und das macht auf Dauer garantiert unzufrieden. Deshalb solltest du wichtige Entscheidungen immer selber treffen. Auch wenn die Anspannung vor der Entscheidung erst mal belastend ist.

Es gibt keine falsche Entscheidung.

Außer die,
nichts zu tun,
weil du Angst hast,
das Falsche
zu tun.

Je schwieriger die Situation, desto stressiger ist es leider, eine Wahl zwischen mehreren Optionen zu treffen. Bildlich gesprochen hocken wir so lange wie das Kaninchen vor der Schlange, bis eine Entscheidung fällt. Diese angespannte Passivität ist oft unangenehm. Deshalb ist es ein positiver Entschluss, dich letztendlich für eine der zahlreichen Möglichkeiten zu entscheiden. Das fühlt sich dann wie ein regelrechter Befreiungsschlag an. Die Entscheidung bringt Bewegung in festgefahrene Situationen und kann gleichzeitig Unsicheres stabilisieren. Durch Entscheidungen kann uns der sprichwörtliche Stein vom Herzen fallen.

Nichtstun bringt dich **in Balance**

Wenn dich eine schwierige Situation aus der Balance bringt, so kannst du durch bewusstes Runterschalten und Pausieren wieder zu einer besser ausgeglichenen Grundstimmung gelangen. Dank der inneren Ruhe, die dir das Nichtstun verschafft, bekommst du mehr Energie, um die richtige Entscheidung zu treffen, denn du verpulverst sie nicht mehr im stressigen ewigen Hin und Her der Entscheidungsfindung. Nichts wirkt beruhigender auf dein Seelenleben als das bewusste Nichtstun, eine entspannende Übung, ein Nickerchen oder Schlaf. Nicht umsonst sollte man über manche Option im Leben erst mal eine Nacht schlafen, denn die besten Entscheidungen trifft man tatsächlich genau dann, wenn das Gehirn abschalten kann.

Manchmal liegt das Glück nur eine Entscheidung weit entfernt.

Diese **Tipps** können dir dabei helfen, die **Entscheidungsfindung** zu **erleichtern**:

>>> *Triff keine Entscheidungen, wenn du gestresst bist, dich überfordert fühlst oder unter Druck stehst, denn Stress kann dich negativ beeinflussen. Lass dich nicht drängen, sondern nimm dir so viel Zeit, wie du brauchst, bevor du zwischen den verschiedenen Möglichkeiten wählst.*

>>> *Setze dir ein Ziel, denn wer ein Ziel vor Augen hat, ist nicht nur motivierter, sondern tut sich auch leichter damit, Alternativen zu finden.*

>>> *Eliminiere alle äußeren Faktoren, die dich bei deiner Entscheidungsfindung negativ beeinflussen könnten. Mach dich unabhängig von der Meinung anderer.*

>>> *Triff deine Entscheidungen, wenn du gut drauf bist, denn die gefundene Lösung ist meist besser, wenn sie mit guter Laune getroffen wurde. Negative Gefühle führen dagegen eher zu negativen Konsequenzen.*

>>> *Bevor du dich für eine von zwei Optionen entscheidest, die dein Leben nachhaltig beeinflussen können, schlaf noch eine Nacht darüber und leg dich erst dann fest.*

Viel mehr als unsere Fähigkeiten sind es unsere Entscheidungen, die zeigen, wer wir wirklich sind.

JOANNE K. ROWLING

CHRONISCHE AUFSCHIEBERITIS – DAS GEGENTEIL VON NICHTSTUN

Aufschieber sind alles andere als Faulpelze

Sich durch Instagram und Facebook treiben lassen, das Bücherregal nach Farben sortieren, noch eine Folge der spannenden Serie gucken, mit der Freundin telefonieren – es gibt immer etwas, womit man sich vor nervigen Pflichten drücken kann. Prokrastination ist der Fachbegriff für das Aufschieben von lästigen Aufgaben. Und das ist meist kein Zeichen von Faulheit, denn es kann ganz schön stressig sein, etwas mit schlechtem Gewissen ewig vor sich herzuschieben. Chronische Aufschieberitis ist das Gegenteil von Nichtstun.

Wer ständig eine Aufgabe, einen Termin oder eine Entscheidung aufschiebt, gilt schnell als wenig entschlussfreudig oder schlicht bequem. Richtig eingesetzt kann das Prokrastinieren allerdings durchaus auch einen positiven Effekt haben – sofern du es bewusst mit Niksen kombinierst. Einfach eine Zeit lang mal nichts zu tun und dir eine Pause zu gönnen, führt nämlich meist dazu, dass du anschließend oft die besseren Lösungen findest.

Durch Nichtstun nicht lineares Denken fördern

Die simple Erklärung: Wenn du immer direkt mit einer Aufgabe loslegst, begnügst du dich mit der erstbesten Idee, die dir durch den Kopf schießt oder erledigst sie schlicht nach altbekannten Mustern. Beim Aufschieben förderst du jedoch das nicht lineare Denken, also das Denken in verschiedene Richtungen. Statt alles sofort zu machen, brichst du in der Zeit, in der du etwas nicht tust, aus den üblichen Denkmustern aus und hast die Chance, das Problem von anderen Seiten zu betrachten. Beim erfolgreichen Prokrastinieren durch Niksen wirst du also kreativer und sammelst neue Ideen, die dich weiterbringen.

Wie du dich selbst durch **effektives Trödeln** austricksen kannst

Eine clevere Idee, die chronische Aufschieberitis sinnvoll zu nutzen, hat John Perry, ein emeritierter Professor der Stanford University, Mitte der 1990er-Jahre »erfunden«. Er wusste genau, wovon er sprach, denn Perry ist selbst ein eingefleischter Prokrastinierer. Sein überraschendes und simples Prinzip nennt er strukturierte Prokrastination oder effektives Trödeln.

Seine Theorie: Um eine besonders wichtige Arbeit vor sich herzuschieben, erledigen Prokrastinierer zuerst viele scheinbar weniger wichtige Dinge. Sie denken: Das dringende Projekt werde ich gleich angehen, nachdem ich die Katze gefüttert, den Einkauf erledigt oder sämtliche Bleistifte in meinem Schreibtisch angespitzt habe.

Seine Lösung: Ein einfacher Trick, um dich selbst zu überlisten, ist es, eine Liste mit all den Dingen, die tatsächlich zu erledigen sind, anzulegen. Allerdings sollte ganz oben eine Aufgabe stehen, die weder eine klare Deadline hat noch wirklich total wichtig ist, dir aber am meisten Angst macht. Sie sollte so unangenehm sein, dass du sie lieber möglichst lange aufschieben möchtest.

Darunter kommen dann all die anderen Dinge, die du noch erledigen willst. Paradoxerweise führt der Glaube, dass die lästige Aufgabe ganz oben besonders wichtig ist, zum ersten Schritt der Umwandlung von Prokrastination in Produktivität. Denn während du diese vermeintlich total wichtige Aufgabe aufschiebst, kannst du ganz viele andere produktive Dinge von deiner Liste erledigen.

Probiere es aus und schreib auf deine To-do-Liste ganz oben eine Aufgabe hin, die dir wirklich unangenehm ist, wie zum Beispiel »Steuerunterlagen abheften« oder »Backofen reinigen«. Echte Prokrastinierer werden dann garantiert alles andere zuerst tun, bloß nicht den Ordner mit den Steuerunterlagen aktualisieren oder den Ofen cleanen. **Nachdem du die wirklich wichtigen Aufgaben erledigt hast, kannst du endlich wieder freier durchatmen und dich GENUSSVOLL dem Nichtstun (oder anderen schönen Dingen) widmen – ohne dass unerledigte Aufgaben deine gute Laune trüben.**

Nimm dir Zeit für die Dinge, die dir das Gefühl geben, ganz im Hier und Jetzt zu sein.

Was du heute kannst besorgen, das **verschiebe ruhig** auf morgen

Die chronischen Aufschieber räumen lieber auf, putzen oder gehen einkaufen, beschäftigen sich also mit eher unerfreulichen Tätigkeiten, wenn sie dadurch etwas Belastenderes vermeiden können. Das kommt dir bekannt vor? Und auch das schlechte Gewissen, das du in solchen Situationen verspürst? Kein Wunder, denn mit dem Sprichwort »Was du heute kannst besorgen, das verschiebe nicht auf morgen« wurden wir schon als Kinder dazu aufgefordert, bloß nicht zu faulenzen, sondern alles immer sofort zu erledigen.

Aufschieben ist oft anstrengender, als sich einer Aufgabe zu widmen

Aber ist es wirklich Trägheit, die uns davon abhält, eine Aufgabe umgehend anzupacken? Keineswegs! Es ist ein Trugschluss, zu glauben, Prokrastination sei gleichbedeutend mit Bequemlichkeit.

Meist ist sie vielmehr das Gegenteil und kann sogar anstrengend sein. Permanente Prokrastinierer stehen durch ihr chronisches Aufschiebeverhalten oft unter erheblichem Leidensdruck und Stress. Denn als erfolgreich gilt in unserer Leistungsgesellschaft nur, wer schnell und fleißig seine To-do-Listen abhakt. In einer Welt voller »Busy Bees« bedeutet das Machen Erfolg, während das Nicht-Machen mit Faulheit oder im extremsten Fall gar mit Versagen gleichgesetzt wird. Deshalb wird Prokrastination von den meisten als etwas wahrgenommen, das man dringend überwinden muss.

Teste dich selbst: Neigst du zu chronischer Aufschieberitis?

Kannst du gut abschalten?

a) Ja, das fällt mir überhaupt nicht schwer.

b) Wenn ich mich dazu zwinge, geht's.

c) Nein, ich muss immer an die vielen unerledigten Sachen denken.

Machst du dir einen genauen Zeitplan für deine Aufgaben?

a) Ja, und an den halte ich mich exakt.

b) Ja, ich mache mir einen Plan, schaffe aber selten alles.

c) Nein, denn den halte ich sowieso nie ein.

Wie reagierst du, wenn du nicht alles auf deiner To-do-Liste geschafft hast?

a) Das passiert mir nicht, denn für mich zählen nur perfekte Ergebnisse.

b) Was ich heute nicht schaffe, erledige ich halt morgen.

c) Dann bin ich unzufrieden mit mir.

Wie reagierst du auf Schwierigkeiten?

a) Augen zu und durch.

b) Ich überlege mir erst mal genau, wie ich sie überwinden kann.

c) Wenn etwas schiefläuft, verzweifle ich meist.

Nach welchem Muster teilst du dir deine Aufgaben ein?

a) Ich beschäftige mich zuerst mit den kniffligen Sachen.

b) Ich beginne mit den Sachen, die mich voll motivieren.

c) Ich nehme es, wie es kommt, denn ich schaffe ja sowieso nicht alles.

Wie bereitest du dich auf eine wichtige Aufgabe vor?

a) Ich brauche keine Vorbereitung, sondern stürze mich gleich rein.

b) Ich hoffe, dass mir bei der Arbeit die richtige Idee kommt.

c) Ich erledige zuerst all die anderen Sachen, die noch liegen geblieben sind.

Welches ist der häufigste Grund, etwas nicht zu schaffen?

a) Das kenne ich nicht, in der Regel schaffe ich alles, was ich mir für den Tag vorgenommen habe.

b) Das hängt von der Aufgabe ab.

c) Ich habe einfach ständig zu viel zu tun.

Ergebnis:

→ Wenn du meist Antwort **a)** angegeben hast, gehört das Aufschieben nicht zu deinen Angewohnheiten. Du bist gut organisiert, gönnst dir aber keine Schwäche, oder?

→ Wenn du meist Antwort **b)** angegeben hast, schiebst du manchmal gerne Dinge vor dir her, aber das ist für dich kein Problem. Am Ende kriegst du gerade noch die Kurve.

→ Wenn du meist Antwort **c)** angegeben hast, bist du ein überzeugter Aufschieber und gehörst damit zu den weltweit mindestens 15 Prozent aller Menschen, die echte Prokrastinierer sind. Wahrscheinlich liegt es an deinem Perfektionismus. Nimm dir Zeit, die Gründe für das ständige Aufschieben zu erkennen und, falls nötig, zu verändern.

Produktives Prokrastinieren

Wie du ein paar Seiten vorher schon gelesen hast, kann das Prokrastinieren durchaus produktiv sein, denn schließlich sind es oft tausend andere Dinge, die die Aufschieber in der Zwischenzeit erledigen. Was wiederum ebenfalls mindestens so kraftraubend sein kann wie die eigentliche Aufgabe, die sie vor sich herschieben. Deshalb ist es wichtig, sich hin und wieder bewusst gegen das permanente »Müssen« aufzulehnen und einfach mal nicht das zu tun, was »sinnvoll« ist und sich direkt verwerten lässt.

Es tut gut, gegen den Zeitgeist der Produktivität zu rebellieren und stattdessen auch mal nichts zu tun. Wer alles immer sofort erledigt, vergibt die Chance, tiefer in die Materie einzudringen. Und in der Zeit, in der du über ein Problem länger nachdenkst, schiebst du es genaugenommen nicht mehr auf. Wenn du allerdings parallel dazu im Internet das Ziel für deinen nächsten Urlaub googelst, prokrastinierst du eigentlich schon wieder.

Slow down – was hilft mir beim positiven Prokrastinieren?

Der beste und entspannteste Weg zum bewussten »Slow Down« ist das Niksen. Es kann dir helfen, deine Gedanken ruhig schweifen zu lassen, statt angestrengt und zielgerichtet über etwas nachzudenken. Mit ein bisschen Übung kommen dir beim Nichtstun ein paar Ideen, die dir später bei deiner eigentlichen Aufgabe weiterhelfen.

Ob es ein Off-Tag ist, an dem du den Kopf vom Stress befreist, ob du ein paar Minuten nur aus dem Fenster schaust oder einen Spaziergang an der frischen Luft machst – eine Unterbrechung ist oft hilfreich, um deine anstehenden Aufgaben leichter, kreativer und erfolgreicher zu Ende zu bringen. Bestimmt hast du selbst schon einmal festgestellt, dass dir nach einer Kaffeepause im Büro, einem netten Telefonat oder auch nur einem Raumwechsel die Lösung eines Problems plötzlich ganz klar vor Augen stand.

Ein paar Ideen für Entspannungsmomente im Arbeitsalltag:
- ✃ *Die Augen schließen und mindestens zehnmal tief ein- und ausatmen*
- ✃ *Ein 5-Minuten-Spaziergang*
- ✃ *Eine Kaffee- oder Teepause, die du dir an einem möglichst ruhigen Ort gönnst*
- ✃ *Aus dem Fenster schauen und deine Gedanken einfach fließen lassen*
- ✃ *Eine einfache Yoga-Übung am Schreibtisch*

Nichtstun ohne schlechtes Gewissen

In einer Zeit, in der fast jede Handlung und jeder Zustand nur auf ihre Effizienz hin bewertet werden, in der stilles Rumsitzen nur akzeptiert wird, wenn es irgendwie der Selbstoptimierung dient, wirkt die pure Präsenz ohne jegliche Aktion radikal, da sie oft als Verweigerung missdeutet wird.

Dabei liegt die Faulheit in der Natur des Menschen und ist wichtig für die Gesundheit und persönliche Weiterentwicklung. Nimm dir deine notwendigen Pausen und regelmäßigen Unterbrechungen – beim Lernen oder Arbeiten. Verschnaufpausen sind kein Zeichen von Schwäche, sondern ein geheimer Erfolgsgarant, weil du in der Zeit deinem Gehirn ein bisschen Erholung gönnst und somit anschließend mit frischer Energie weiterarbeiten kannst. Wer immer nur durcharbeitet wird schnell unproduktiv, schwächt sich selbst und kann dann keine guten Ergebnisse mehr erzielen.

Erlaube dir selbst das Aufschieben und das Nichtstun! Es ist absolut okay, wenn du dich mal bewusst ablenkst oder eine Pause brauchst. Denn niemand kann immer zu hundert Prozent alles geben.

Das richtige **Timing** ist entscheidend

Nutze die Zeiten deines Tages, in denen du dich ohne schlechtes Gewissen dem süßen Nichtstun hingeben kannst, für deine ganz persönlichen Auszeiten. Fang am besten morgens nach dem Aufwachen damit an. Statt nach dem Weckerklingeln sofort aufzuspringen und den Tag hektisch zu beginnen, plane lieber eine kleine Niksen-Runde ein. Vielleicht schaffst du dir einen Lichtwecker an, der dich mit einem stetig heller werdenden Licht sanft weckt, oder einen mit ruhiger Musik.

Nimm dir morgens die Zeit, dich erst mal eine Weile wohlig zu rekeln. Lass die Augen noch einen Moment lang geschlossen. Genieße den Dämmerzustand und die Wärme in deinem kuschligen Bett. Dann öffne ganz langsam die Augen, aber greif nicht gleich nach dem Smartphone auf dem Nachttisch. Bestimmt kann die Welt da draußen noch ein bisschen ohne dich auskommen.

Faulenzer sind die fleißigsten Menschen: Sie nützen jede freie Minute aus zum Nichtstun.

ERNST R. HAUSCHKA

Gönn dir Me-Time

Wie wäre es, wenn du für deine Kaffeemaschine einen Timer anschaffst, sodass der köstliche Duft von frisch gebrühtem Kaffee das Erste ist, was du am Morgen bewusst wahrnimmst? Oder koch dir einen Tee und mach es dir mit dem heißen Becher noch ein bisschen im Bett bequem. Gönn dir diese Me-Time, bevor du den Tag ausgeruht angehst. Lass die Gedanken schweifen – vielleicht kommt dir dabei die richtige Idee, wie du ein aufgeschobenes Problem heute lösen kannst?

Momente der Stille, in denen du sinn- und ziellos deinen Gedanken nachhängen kannst, führen zu Erkenntnissen, Ideen und insgesamt mehr Klarheit im Kopf. Deshalb vergiss nicht, auch im Laufe eines stressigen Arbeitstages, an dem ein Termin den nächsten jagt und deine To-do-Liste scheinbar einfach nicht kürzer wird, dir deine kleinen Niksen-Momente zu gönnen. Statt zu prokrastinieren, indem du noch schnell irgendwelche anderen Dinge erledigst, solltest du dich lieber eine Weile in einem Sessel zurücklehnen, aus dem Fenster schauen oder dem Vogelgezwitscher aus dem Garten lauschen und einfach mal tief durchatmen. Danach kannst du deine Projekte frisch gestärkt viel besser angehen.

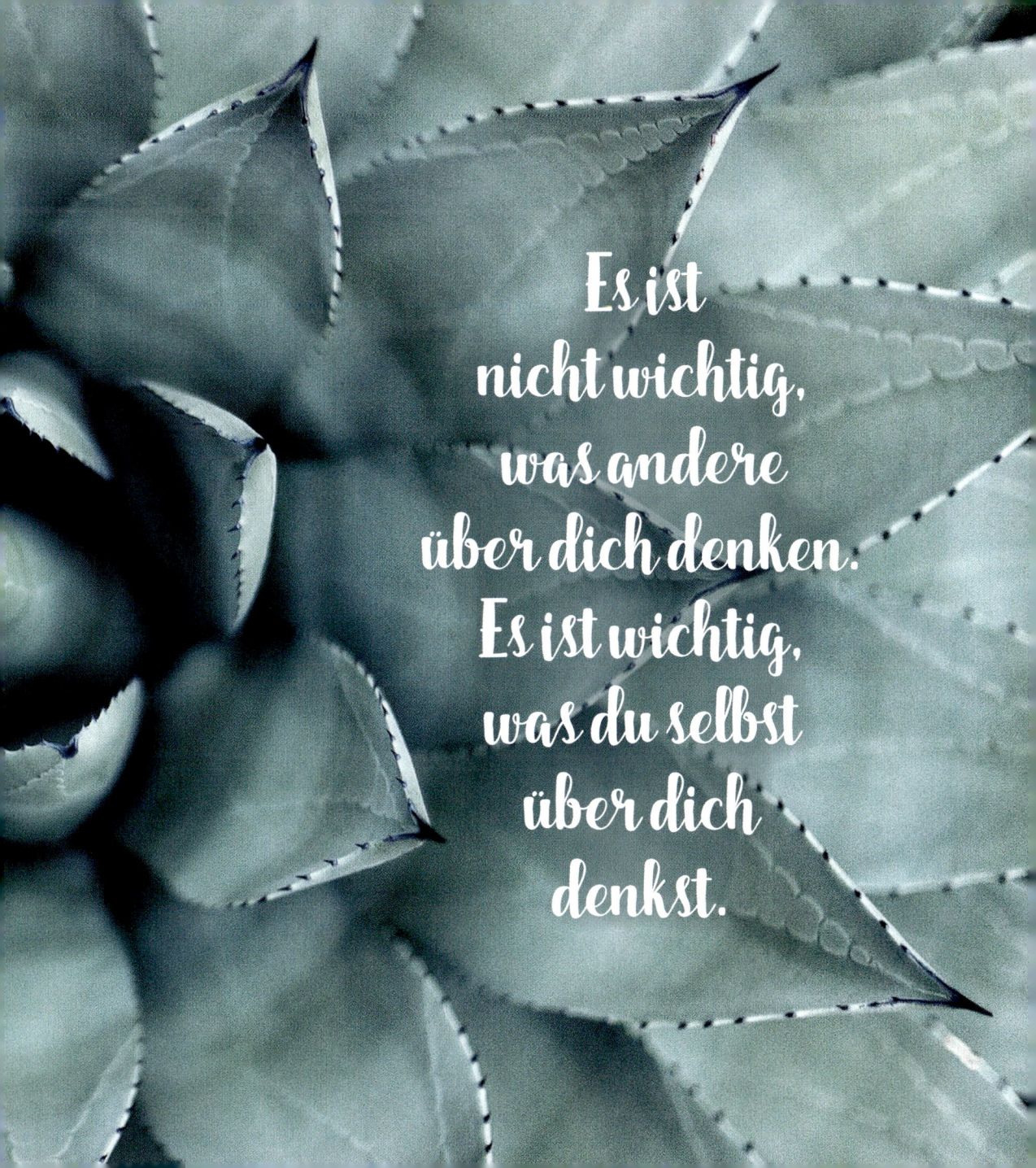

Es ist
nicht wichtig,
was andere
über dich denken.
Es ist wichtig,
was du selbst
über dich
denkst.

Auch der Aufschub
hat seine Freuden.

JOHANN WOLFGANG VON GOETHE

Prokrastinieren – der **Dopamin-Effekt**

Hormone und Erbgut könnten Gründe sein, warum einige Menschen eher zum Prokrastinieren neigen als andere. Wissenschaftliche Untersuchungen haben nämlich ergeben, dass eine genetische Veranlagung dafür sorgt, dass bei manchen Menschen eine höhere Dosis des Botenstoffs Dopamin im Körper gebildet wird.

Diese ist dafür verantwortlich, dass wir flexibler denken und unser Gehirn Informationen leichter verarbeiten kann. Also steigt bei diesen Menschen proportional zur Menge an Input die Wahrscheinlichkeit, dass sie sich schneller ablenken lassen.

Bisher wurde dieser Dopamin-Effekt nur bei Frauen entdeckt. Obwohl Männer, besonders im Alter zwischen 14 und 29 Jahren, sogar häufiger zum Prokrastinieren neigen, konnten bei ihnen keine genetischen Ursachen dafür festgestellt werden.

Tipps gegen »Aufschieberitis«

Gewisse Strukturen helfen dir, anstehende Aufgaben ohne Stress und Hektik anzugehen – ohne dich in ungesunder Prokrastination zu verlieren. Ein paar kleine Tricks schützen dich vor nerviger Aufschieberitis.

»⟩⟩ Mach dir einen Plan für die Woche und dann einen für den jeweils nächsten Tag, bevor du ins Bett gehst.

»⟩⟩ Eine To-do-Liste, von der du erledigte Aufgaben streichen kannst, macht gute Laune. Aber lade dir nicht zu viel auf einmal auf. Sortiere die Liste nach Wichtigkeit und setze Prioritäten.

»⟩⟩ Damit du nicht ständig zwischendurch von immer neuen E-Mails oder Anrufen abgelenkt wirst, schalte dein Smartphone aus, während du dich auf eine Aufgabe konzentrierst.

»⟩⟩ Leg Time Slots fest, in denen du Mails, Nachrichten oder Anrufe checkst und erledigst.

»⟩⟩ Überlege, welche Art von Arbeitstyp du bist. Als Frühaufsteher solltest du die wichtigsten Aufgaben gleich morgens erledigen und es dann etwas ruhiger angehen lassen. Wenn du morgens etwas länger brauchst, um warmzulaufen, plane deine anstrengenden Termine und Aufgaben besser in der Zeit nach der Mittagspause ein.

»⟩⟩ Gönn dir Ruhepausen, wie eine Hunderunde, um den Kopf freizubekommen, bevor du wichtige Aufgaben erledigst.

»⟩⟩ Schaffe dir deine persönlichen Ankerpunkte im Tagesablauf. Routineaufgaben solltest du immer zur gleichen Zeit erledigen, um Struktur in deinen Tag zu bringen.

»⟩⟩ Versuche, vor der Arbeit deine Messages zu beantworten und dann erst wieder am Abend die neuen zu checken. Wenn du ständig online bist, lenkt dich das von anderen Aufgaben ab.

»⟩⟩ Stell die Push-Nachrichten an deinem Smartphone und/oder Computer ab, damit nicht jeder Kommentar, Instagram-Post, jede Facebook-Message oder Twitter-Nachricht sofort im Display auftaucht und dich ablenkt.

»⟩⟩ Lass dich beim Surfen nicht von einem Link zum nächsten und so immer weiter und tiefer in den Treibsand des Internets ziehen.

»⟩⟩ Wenn es dir mal an Ideen fehlt, wie du eine schwierige Aufgabe anpacken sollst, dann lass dich nicht stressen, sondern leg einen Niksen-Break ein oder prokrastiniere einfach eine Weile ganz bewusst mit etwas ganz anderem. Danach kommt dir sicher ein guter neuer Einfall.

Grübeln
ist wie Schaukeln:
Man bewegt sich,
aber kommt nicht
von der Stelle.

PHIL McGRAW

Schluss mit Grübeln –
das Wieso-Weshalb-Warum-Denken in den Griff kriegen

Was wäre, wenn …? Warum passiert das immer nur mir? Weshalb reagiere ich so zickig auf diese eine Kollegin? Wieso fährt mir der Bus schon wieder vor der Nase weg? Was können wir gegen den Klimawandel und die soziale Ungerechtigkeit in der Welt tun? Wann schaffe ich es endlich, nach einer Gehaltserhöhung zu fragen? Liebt er mich überhaupt noch? Hätte ich doch nur …

Neigst du auch zum exzessiven Grübeln?

Liegst du oft abends im Bett und kannst einfach nicht abschalten, weil unendlich viele Gedanken weiter durch deinen Kopf rasen? Auf die dauernde Grübelei reagiert dein Körper genauso wie auf Stress, indem er vermehrt Stresshormone ausschüttet. Deshalb kommst du nicht zur Ruhe, fühlst dich oft sehr angespannt und ausgelaugt.

Es gibt eine einfache Möglichkeit, um dein **nerviges** Gedankenkarussell anzuhalten

Bevor du das nächste Mal wieder in endlosen Grübeleien versinkst – drück die Stopptaste. Denn mit Nichtstun kannst du das Gedankenrad in deinem Kopf anhalten. Fang damit an, nicht immer so kritisch mit dir selbst zu sein. Stell nicht dauernd alles in Frage, sondern glaube an dich!

Und versuche, dir deine unzähligen Überlegungen wie einen Fluss im Herbst vorzustellen: Die verschiedenen umherwirbelnden Gedanken legen sich nach und nach auf die vorbeitreibenden bunten Blätter, die auf dem Fluss schwimmen, und fließen dann ruhig an dir vorbei.

Warum nimmst du dir nicht eine echte Nichtstun-Auszeit, vielleicht an einem wirklichen Fluss oder Bachlauf? Du musst nichts weiter tun, als dem dahinfließenden Wasser zuzusehen. **Lass deine negativen Gedanken mit der Strömung wegfließen.**

Think positive, be positive!

Dass trotz deines guten Willens anfangs immer mal wieder eine neue Fahrt im Gedankenkarussell droht, lässt sich nicht von der Hand weisen. Es ist nun mal eine Tatsache, dass das Gehirn Tag für Tag eine Vielzahl an Ideen produziert und leider nicht nur gute und nützliche. Achte darauf, dass die negativen nicht überhandnehmen, denn das beeinträchtigt dein Leben.

Wenn du das Gefühl hast, dass dein Umfeld deine Sorgen manchmal nicht ernst nimmt, liegt es daran, dass nicht alle Menschen gleich ticken. Manche neigen eben eher zum Grübeln als andere. Was den einen tief berührt oder worüber er sich mächtig aufregt, lässt jemand anders völlig kalt. Horche in dich hinein und überlege, ob eine Sache es tatsächlich Wert ist, so viele Gedanken darauf zu verwenden und dich in endlosen Grübeleien darüber zu verlieren. Kannst du wirklich etwas an der Situation oder dem Problem ändern? Gibt es einen realistischen Ausweg, eine echte Lösung oder bleibt es beim sinnlosen Grübeln?

> Grüble nicht, was möglich ist und was nicht. Tu, was du mit deinen Kräften zustande bringst – darauf kommt alles an.
>
> LEO N. TOLSTOI

Nichtstun als Medizin

Natürlich ist es nicht ganz einfach, wenn du erst mal in der Grübelei gefangen bist, wieder auszusteigen. Eins führt zum anderen und zieht dich scheinbar immer auswegloser in einen Strudel aus oftmals völlig irrealen Sorgen, unlösbaren Problemen und beängstigenden Zukunftsgedanken. Statt nach einer befriedigenden Lösung zu suchen, versorgt dein Gehirn dich automatisch mit immer neuen Vorschlägen, die deinen momentanen ähnlich sind.

Wenn du dich also im Gedankenrad aus Hoffnungslosigkeit, Verzweiflung oder Wut verlierst, bestätigt dir dein Unterbewusstsein die scheinbare Richtigkeit dieser Überlegungen, weil es wie ein Magnet immer neue Gedanken anzieht, die die vorhandenen bestätigen.

Doch sobald du diesen Mechanismus durchschaut hast und bewusst wahrnimmst, was in solchen Situationen mit dir geschieht, kannst du etwas dagegen tun – indem du dich selbst unterbrichst und dir erst mal einen Nichtstun-Moment verordnest.

Verbringe jeden Tag einige Zeit mit dir selbst.

DALAI LAMA

Ändere deinen Standpunkt – im wörtlichen Sinne

Um den Film im Kopf anzuhalten, solltest du deinen Standort wechseln: Wenn du dich grübelnd im Bett herumwälzt, dann steh auf. Wenn du dich zu lange drinnen verkrochen hast, dann geh raus.

Oder mach es dir in einem Sessel bequem und konzentriere dich auf deine Atmung. Spüre, wie die Atemluft durch deinen Hals in deine Lungen fließt und wieder aus dir herausströmt. Wenn du das Gefühl hast, dich etwas entspannt zu haben, fang an, deine Gedanken zu beobachten. Schließe die Augen und stell sie dir als sanfte Wellen auf einem blauen Ozean vor. Sie kommen und gehen, eine nach der anderen. Halte die Gedanken nicht fest, sondern lass sie davonschwimmen. Nach und nach löst sich auf diese Weise ein negativer Gedanke nach dem anderen in der Gischt auf.

Nichts in der Welt
ist nachgiebiger als Wasser.
Der Weg des Wassers ist unendlich
weit und unfassbar tief;
er erstreckt sich ins Unbegrenzte
und fließt ins Endlose.

LAOTSE

Wie **beginnt** das Gedankenkarussell?

Die Auslöser für das Gedankenkarussell sind meist vielfältig und oft sehr emotional. Es kann ein unangenehmer Termin sein, der einem bevorsteht, oder eine Prüfung, für die man sich nicht gut vorbereitet fühlt. Und natürlich schmerzliche Erlebnisse wie eine Trennung, ein Streit oder ungerechtfertigte Kritik. Noch stärker beeinträchtigt wird das Wohlbefinden, wenn Geldnöte, Stress mit dem Partner, mit den Kindern oder der allgemeine Frust über die eigene Lebenssituation sehr viel Raum einnimmt. Das Grübeln darüber führt zu negativen Emotionen wie Angst, Ärger, Wut und Trauer, die wiederum ganz massiv deine Gedanken und deinen Alltag beeinflussen. Die Folge können Schlafstörungen, Konzentrationsschwierigkeiten, ständige Müdigkeit oder schlechte Laune sein und dich auf die Dauer tatsächlich krank machen.

Negative **Gedankenkreisel** **lassen dir** kaum Raum für **all das Positive** um dich herum

Der Negativ-Sog lässt auch Ideen, die dir eigentlich Freude bereiten würden, nicht zu. Die pessimistischen Gedanken wirken sich auf deine Gefühle, deinen Körper und auf dein Handeln aus. Negative Gedankenschleifen sorgen für unangenehme Gefühle und körperliche Reaktionen wie Anspannung und Unruhe.

Mach dir bewusst, dass du in diesem Zustand keine vernünftigen Lösungen finden wirst. Das liegt nicht an dir, weil du womöglich nicht clever genug bist, sondern daran, dass dein ununterbrochenes Denken das einfach nicht zulässt.

Versuche, durch eine Pause dein Gedankenkarussell zu durchbrechen.

Mach einen Gedanken-Break

Es funktioniert leider nicht, die negativen Gedanken auf Anhieb per Knopfdruck durch positive zu ersetzen. Der krampfhafte Versuch könnte sogar das Gegenteil bewirken, weil das Scheitern umso frustrierender sein kann.

Betrachte stattdessen die Themen deiner Grübelei mit etwas Distanz, zum Beispiel aus der Sicht einer Freundin oder eines Kollegen, und gleiche sie mit der Realität ab. Ist das Problem, das dich so aufregt oder beschäftigt, wirklich so dramatisch, aussichtslos oder wichtig, wie du es dir in deinem immer wieder kreisenden Gedankenkarussell ausmalst? Erst wenn du auf diese Weise etwas Abstand zu der Situation, die dich gerade belastet, gewonnen hast, kannst du mit klarem Kopf nach möglichen Auswegen und Lösungen suchen.

Konzentriere dich
auf etwas Schönes

Sobald du dich bewusst auf etwas Schönes konzentrierst, rücken alle anderen Themen automatisch in den Hintergrund, denn das Gehirn hat in dem Moment gar keine Kapazitäten mehr frei für die negativen Gedanken. Stattdessen schüttet es wichtige Botenstoffe, die sogenannten Glückshormone, aus, die für weitere optimistische Gedanken sorgen, die sich wiederum positiv auf deine Gefühle auswirken. **Du wirst wieder ruhiger und fühlst dich besser.**

Wenn du also das nächste Mal merkst, dass du gerade dabei bist, das Ticket für eine neue Fahrt im Gedankenkarussell zu lösen, mach einen Schritt zurück. Konzentriere dich auf die schönen Dinge in deiner Nähe und in deinem Leben. Atme mal tief durch und gönn dir eine Nichtstun-Pause. Geh raus in die Natur und lausche dem Vogelgezwitscher. Genieße das Aroma und die wohlige Wärme einer frisch gebrühten Tasse Tee oder Kaffee. Sieh dir die kostbare Blüte der Orchidee auf der Fensterbank an. Schnuppere an einer Blume im Garten und atme ihren Duft tief ein. Koch dir dein Lieblingsgericht, betrachte dabei die verschiedenen Zutaten in Ruhe und schmecke später jede einzelne heraus. Nimm dir Zeit für all die schönen Dinge, über die du sonst hinwegsiehst.

Das ist anfangs nicht ganz leicht, denn beim Grübeln schalten deine Gedanken auf Autopiloten, sie verselbstständigen sich. Deshalb lassen sie sich nicht so einfach kontrollieren oder steuern. Aber mit ein bisschen Übung kannst du zumindest deren Richtung beeinflussen.

Das Gegenstück
zum äußeren Lärm
ist der innere Lärm des
Denkens. Das Gegenstück
zur äußeren Stille ist
innere Stille jenseits
der Gedanken.

ECKHART TOLLE

TIPPS
ZUM ANHALTEN DES
GEDANKENRADS

Hätte, wäre, sollte ... Wer immer nur über Negatives und Vergangenes grübelt, löst seine Probleme nicht, sondern wird eher unglücklich. Meist klappt es nicht auf Anhieb, willentlich die nervenden und zermürbenden Gedankenschleifen zu unterbrechen. Finde die für dich passende Methode oder eine Kombination aus mehreren Vorschlägen. Und mach dir bewusst, dass sich auch hier erst mit der Zeit ein Erfolg einstellt.

Bleib dran und übe weiter. Das Wichtigste ist, dass du dich immer wieder entspannst und dir keinen zusätzlichen Druck machst. Mit Überforderung erreichst du das Gegenteil. Dies ist kein Wettkampf, sondern die Tipps sollen dir helfen und guttun – durch Nichtstun.

➤➤➤ Zugegeben, manche Situationen kann man nicht selbst beeinflussen. Aber du kannst deine Einstellung ihnen gegenüber ändern. Frag dich zum Beispiel, **ob dich das Problem auch in einer Woche oder einem Jahr noch belasten wird.** Wenn nicht, erkennst du, dass es vorübergeht und irgendwann nicht mehr wichtig sein wird. Dann kannst du es leichter loslassen.

➤➤➤ **Schreib deine Gedanken auf.** Wenn du vor lauter Grübeln nicht zur Ruhe kommst, dann lass sie ungeordnet aufs Papier fließen und damit raus aus deinem Kopf. Oder führe präventiv jeden Abend Tagebuch, um zu verarbeiten, was dich im Laufe des Tages beschäftigt hat und es immer noch tut. Dadurch beugst du der Gedankenspirale vor.

➤➤➤ Verkriech dich nicht mit deinen rotierenden Gedanken, sondern bring sie **an die frische Luft.** Mach einen Spaziergang im Park, öffne deinen Blick für die Schönheit der Natur, den weiten Himmel über dir. Das bringt dich garantiert auf andere Ideen.

➤➤➤ Wenn du gestresst nach Hause kommst, zieh die Schuhe aus und etwas Bequemes an. Streif den Alltag mit deinen Klamotten ab. Und bring ganz andere Gehirnregionen zum Einsatz, als bei deiner Arbeitsroutine gefragt sind – **durch Musik und Bewegung!** Such dir eine deiner Lieblings-Playlists aus, um entweder bei ruhiger Musik zu entspannen oder zu ein paar Songs mit treibendem Rhythmus zu tanzen und den Alltag abzuschütteln.

»» Wenn du nicht einschlafen kannst, weil dich der nicht enden wollende Gedankenstrom wachhält, dann dreh dich nicht endlos hin und her, sondern steh auf. **Koch dir einen beruhigenden Tee,** wickle dich in eine kuschlige Wolldecke und mach es dir auf dem Sofa gemütlich. Konzentriere dich auf das wohlig warme Gefühl, das der heiße Tee in deinem Bauch hinterlässt.

»» Steig vom Gedankenrad, indem du die Augen schließt **und tief durchatmest.** Dann stell dir einen hübschen Schrank mit vielen unterschiedlichen Schubladen vor. Gib jeder von ihnen einen Namen: Eine ist für berufliche Sorgen, eine für Stress in der Familie und so fort. Für jede Schublade besitzt du einen virtuellen Schlüssel. Nun leg einen Gedanken nach dem anderen in die passende Schublade und schließ ihn darin ein.

»» Setz dir zum Grübeln über ein konkretes Problem ein Zeitlimit. Programmiere den Timer am Smartphone auf fünf Minuten. Das ist die Zeit, die dir zum Nachdenken über ein Problem zur Verfügung steht. Halt dich an diesen Time Slot. Wenn die Zeit um ist, stell dir die folgenden Fragen: Welche neuen Erkenntnisse hab ich gewonnen? Fühle ich mich jetzt besser oder schlechter? **Ist es die Sache wirklich wert, weiter darüber nachzugrübeln?**

»» Du kannst die Gedankenspirale unterbrechen, indem du dich **bewusst auf etwas anderes konzentrierst,** zum Beispiel auf das Ticken einer Uhr im Raum oder ein Bild an der Wand, das du dir Detail für Detail anschaust. Damit kannst du dein Gehirn vom Grübeln ablenken.

Probleme
kann man niemals mit
derselben Denkweise lösen,
durch die sie
entstanden sind.

ALBERT EINSTEIN

Und es kam
der Tag,
da das Risiko,
in der Knospe
zu verharren,
schmerzlicher
wurde
als das Risiko,
zu blühen.

ANAÏS NIN

Raus aus der Jasager-Falle

Wie oft sagst du vorschnell Ja, wenn du eigentlich lieber Nein sagen würdest? Weil es nicht leicht ist, jemandem einen Wunsch abzuschlagen, eine Verabredung abzusagen, eine Einladung abzulehnen, oder weil es unangenehmer ist, erklären zu müssen, warum man etwas nicht tun möchte, als vorschnell zuzusagen. Aber das Neinsagen ohne Angst vor Konsequenzen und einem schlechten Gewissen kann man lernen, indem man wiederkehrende Handlungsmuster erkennt und beim nächsten Mal nicht mehr in die Jasager-Falle tappt.

Sie kommt meistens ganz unerwartet und kann dich daher so leicht überrumpeln und dich Dinge zusagen lassen, die du eigentlich gar nicht willst.

DU KANNST FREUNDLICH SEIN, EIN GROSSES HERZ HABEN UND TROTZDEM NEIN SAGEN.

Es ist wichtig, sich solche Überrumpelungs-szenen aus der Vergangenheit vor Augen zu führen, um dann beim nächsten Mal auch richtig reagieren zu können. Jeder von uns kennt diese Situationen, die oft so harmlos daherkommen und vom Gegenüber auch nicht böse gemeint sind. Wie zum Beispiel der Anruf einer Freundin, die einen zu einer Party einlädt. Du sagst sofort zu und freust dich da-rüber, dass sie an dich gedacht hat – bis unan-genehme Nachforderungen kommen ... Ob du wohl noch ein paar weitere Einladungsanrufe übernehmen und zur Party deine tollen Dips mitbringen könntest? Obwohl du dazu über-haupt keine Lust hast, antwortest du: »Ja, klar. Gerne!«

Wir trauen uns selten, jemandem einen Ge-fallen abzuschlagen, weil uns das schrecklich unhöflich vorkommt. Wir wollen freundlich sein und hilfsbereit. Aber genau das kann uns zum Verhängnis werden, da wir uns selbst überfordern.

Denn wer ständig hilfsbereit ist und nicht Nein sagen kann, zahlt dafür einen hohen Preis. Die eher harmlosen Folgen sind Über-lastung, das Gefühl, sich selbst zu verlieren, und Frustration. Mach dir klar, dass Jasager zwar sehr beliebt sind, aber weniger respek-tiert werden als die Menschen, die Grenzen setzen und selbstbewusst Nein sagen.

Die kürzesten Wörter, nämlich JA und NEIN, erfordern das meiste Nachdenken.

PYTHAGORAS VON SAMOS

Rede lieber Klartext und verzichte auf leicht durchschaubare Notlügen und die üblichen beschwichtigenden Einschränkungen wie »Sei mir bitte nicht böse ...«, »Vielleicht könnte ich ...«, »Es tut mir sehr leid, aber ...«. Die Hoffnung, dass du so den anderen nicht verletzt oder sich das Problem von alleine löst, ist trügerisch, denn mit dieser Strategie untergräbst du deine Entscheidung, Nein zu sagen, und wirkst weniger souverän. Mach dir bewusst: »Nein!« ist ein vollständiger Satz.

ICH-SAG-NEIN-ÜBUNG:

Überlege dir, was du momentan eigentlich nicht möchtest. Formuliere einen Satz, bei dem Nein vorn steht. Die Antwort auf die Frage nach den Dips könnte zum Beispiel lauten: »Nein, ich möchte die Dips nicht machen. Aber vielen Dank für die Einladung, ich komme gern zu deiner Feier.«

Wie lautet die erste Nein-Antwort, die dir in den Kopf kommt? Oder gibt es gerade mehrere Bereiche, wo du dich unwohl fühlst? Mach dir eine Liste mit deinen aktuellen Nein-Antworten und platziere sie dir so in der Wohnung, dass du immer wieder daran erinnert wirst, was du eigentlich nicht machen möchtest.

Lass dich nicht unter Druck setzen

Vor allem Frauen scheuen sich davor, deutlich Nein zu sagen, weil sie als Mädchen dazu erzogen wurden, stets höflich, hilfsbereit und freundlich auf die Bitten anderer zu reagieren. Wenn du dir dieses gelernte Verhaltensmuster klarmachst, kannst du etwas dagegen tun.

Ehrliches Neinsagen bedeutet natürlich nicht, dass du ab sofort jeden mit einem kategorischen »Nein!« vor den Kopf stoßen sollst. Aber beim nächsten Mal, wenn ein Kollege dir schmeichelt und dich bittet, einen Teil seiner Arbeit für ihn zu erledigen, weil du ja so viel schneller und besser darin seist, dann atme erst mal tief durch und antworte beispielsweise: »Ich bin nicht sicher, ob ich dafür Zeit habe. Ich sag dir Bescheid.« Lass dich nicht unter Druck setzen, sondern nimm dir die Zeit, um über deine Entscheidung nachzudenken und deine eigenen Wünsche zu erkennen. Vermutlich sucht er sich in der Zwischenzeit jemand anderes für sein Anliegen und wird es bei dir nicht mehr so häufig versuchen.

Um die Konsequenzen und Mechanismen hinter dem vorschnellen Jasagen zu entschlüsseln, frag dich, was es dich kostet, wenn du zu oft Ja sagst. Dann fällt dir auf, wie viel Zeit du damit verbringst, andere bei irgendetwas zu unterstützen, worum sie dich gebeten haben. Diese Zeit geht von deinem eigenen Zeitkonto ab. Mach dir klar, was es dir bringt, auch mal einen Wunsch abzulehnen – nämlich die wohltuende Me-Time, die du zum Entspannen durch Nichtstun verwenden solltest. Etwas, das dir guttut und dir einen persönlichen Nutzen bringt.

Wenn du Tag für Tag dein stressiges Alltagsprogramm durchziehst, hast du irgendwann keine Kraft übrig, auch noch in deiner Freizeit Termine wahrzunehmen. Da kann die Party noch so nett oder der neue Kinofilm noch so spannend sein – du solltest nicht versuchen, noch mehr Dates in deine Wochenenden oder den Feierabend reinzuquetschen. **Sag lieber mal Nein zu einer verlockenden Einladung und gönn dir Zeit zum Niksen, um deine Batterien wieder aufzuladen.**

Übung macht den entspannten Neinsager

Wenn du bisher eher vorschnell zum Jasagen bei Bitten und Angeboten geneigt hast, brauchst du ein bisschen Übung, um zu lernen, das Neinsagen auszuhalten. Vermutlich wirst du dich anfangs unwohl damit fühlen und ein schlechtes Gewissen haben. Du fürchtest dich vor den möglichen Konsequenzen und glaubst, dein Umfeld wird dich plötzlich für herzlos und egoistisch halten. Doch sehr wahrscheinlich werden die Menschen in deinem privaten und beruflichen Umfeld dich langfristig eher dafür schätzen, dass du ehrlich sagst, was du möchtest und was nicht, statt murrend eine ungeliebte Aufgabe zu erledigen.

Am Arbeitsplatz kannst du dich der Jasager-Falle entziehen, indem du nicht jede Pause gemeinsam mit deinen Kollegen oder der Chefin verbringst. Denn in diesem entspannteren, inoffizielleren Rahmen tun sich die meisten Menschen eher schwer, jemandem einen scheinbar kleinen privaten oder beruflichen Gefallen abzuschlagen. **Zieh dich in deiner Arbeitspause besser mal zurück und entspanne allein.**

Mach mal

Regelmäßige Pausen sind wichtig, um konzentriert und produktiv arbeiten zu können. Wer keine Pause macht, neigt dazu, Fehler zu begehen, immer langsamer zu werden und permanent unter Stress zu stehen. Das Arbeitszeitengesetz schreibt vor, dass Arbeitnehmer einen Anspruch auf 30 Minuten Arbeitspause haben, wenn sie täglich zwischen sechs und neun Stunden arbeiten. Wer mehr als neun Stunden arbeitet, kann für mindestens 45 Minuten pausieren. Besser als eine lange Pause am Stück ist es, sich im Laufe eines Arbeitstages mehrere kleine Pausen zu gönnen. Nach etwa 60 bis 90 Minuten solltest du eine fünfminütige Pause einlegen, um anschließend konzentriert weiterarbeiten zu können. Fast jeder zweite Mitarbeiter tauscht sich in seinen Pausen mit Kollegen aus. Nur 15 Prozent nutzen ihre Pausen zur alleinigen Entspannung. Wie schätzt du dich selbst ein – wirst du zukünftig zu denjenigen gehören, die sich zwischendurch ganz entspannt eine gemütliche Pause gönnen?

Selbstbewusster durch konsequentes Neinsagen

Je konsequenter du deine neue Strategie im Auge behältst, desto besser wird es dir in Zukunft gelingen, das Neinsagen durchzuhalten. Du kannst dir sicher sein, dass du dich nach einer Weile stärker und selbstbewusster fühlen wirst. Irgendwann wird es für dich ganz selbstverständlich sein, dich vor gedankenlosen Zusagen durch eine kleine Auszeit zu schützen, statt dich hinterher zu ärgern, dass du dich mal wieder selbst in eine unangenehme Situation manövriert hast.

Wenn dich also zukünftig jemand darum bittet, etwas für ihn zu tun, antworte nicht vorschnell mit Ja und sag auch nicht gleich Nein, sondern verschaff dir Zeit, indem du ganz klar sagst, dass du erst später darüber entscheiden wirst. Biete Alternativen an, die weniger zeitaufwendig sind, oder dramatisiere ruhig mal ein bisschen, indem du zum Beispiel erklärst, dass du derzeit wahnsinnig viel zu tun hast.

Ehe du dich endgültig auf ein Ja oder Nein festlegst, solltest du dir eine Niksen-Pause gönnen und danach in Ruhe nachdenken, was du wirklich willst. Mach dich frei davon, anderen immer alles recht machen zu wollen. Die Menschen, die es wert sind, werden ein Nein von dir akzeptieren, wenn du es ihnen erklärst. Und wenn deine Absage mal negative Folgen hat, geht die Welt auch nicht unter. Wichtiger ist, dass du dir selbst treu geblieben bist. Mach dir klar, dass Liebe und Anerkennung nichts mit dem ewigen Jasagen zu tun haben.

Bevor du das nächste Mal in die Jasager-Falle tappst, sage lieber mal Nein, wenn dein Bauchgefühl dir signalisiert, dass du etwas eigentlich nicht machen möchtest. So befreist du dich von einer ständigen Fremdbestimmung und gewinnst mehr Selbstbestimmung. So kannst du zukünftig konsequent deine ganz persönlichen Wünsche und Ziele verfolgen und nicht dauernd die der anderen. Wer Neinsagen lernt, gewinnt größere Freiheit und Stärke.

Geh deinen Weg und lass die Leute reden!

DANTE ALIGHIERI

Test: Bist du ein vorschneller Jasager?

Fällt es dir leicht, in Diskussionen deine Meinung und Interessen zu vertreten?

a) Natürlich, denn schließlich geht es dabei um mich.

b) Ich höre mir lieber erst die anderen Meinungen an, bevor ich mich äußere.

c) Bevor ich lange diskutiere, schließe ich mich lieber der Mehrheit an.

Sagst du anderen immer klipp und klar, was du willst?

a) Ja, denn sonst gibt es leicht Missverständnisse.

b) Ich mag es nicht, mit der Tür ins Haus zu fallen.

c) Ich verpacke meine Wünsche lieber nett.

Kannst du anderen gut eine Bitte abschlagen?

a) Wenn ich den Wunsch nicht erfüllen kann, dann sage ich das auch.

b) Es ist mir etwas unangenehm, aber wenn's nicht anders geht, sage ich das.

c) Ich finde es egoistisch, anderen nicht nach Kräften zu helfen.

Gehst du Konflikten aus dem Weg?

a) Nein, warum sollte ich?

b) Ich vertraue darauf, die besseren Argumente zu haben.

c) Ich mag es gar nicht, wenn sich Menschen streiten.

Bittet man dich häufig um Hilfe?

a) Das hält sich die Waage mit der Hilfe, die ich einfordere.

b) Manche versuchen es immer wieder, aber längst nicht immer erfolgreich.

c) Ich bin stolz darauf, als hilfsbereiter Mensch bekannt zu sein.

Kannst du dich gut in die Lage anderer hineinversetzen?

a) Davon gehe ich aus.

b) Wenn ich jemanden gut genug kenne, geht das.

c) Ich bin sehr empathisch und fühle gleich mit anderen mit.

Wie wichtig ist es dir, dass andere dich sympathisch finden?

a) Darüber mache ich mir keine Gedanken.

b) Das Leben ist leichter für mich, wenn man mich mag.

c) Ich ertrage es nicht, wenn andere mich nicht mögen.

Ergebnis:

⇒ Wenn du meist Antwort **a)** angegeben hast, bist du ein knallharter Neinsager.

⇒ Wenn du meist Antwort **b)** angegeben hast, fällt es dir nicht schwer, auch mal Nein zu sagen, auch wenn es dir oft unangenehm ist.

⇒ Wenn du meist Antwort **c)** angegeben hast, läufst du Gefahr, dich von anderen ausnutzen zu lassen. Denk auch öfter mal an deine Bedürfnisse und sag lieber mal Nein.

LASS DICH NICHT UNTERKRIEGEN – WARUM NICHTSTUN ZUKÜNFTIG PRIORITÄT HABEN SOLLTE

Finde die **richtige Dosis** für dich

Schon der bloße Anblick von Wiesen und Bäumen hat einen erholsamen Effekt auf dich. Das ist mittlerweile wissenschaftlich bewiesen. Denn, anders als in der Stadt, wird dein Gehirn in der Natur nicht ständig mit neuen Reizen aus Geräuschen, Gerüchen, Menschenmassen und Arbeit bombardiert.

Bedeutet das, dass wir idealerweise alle in eine einsame Berghütte oder ein hübsches Haus am Meer ziehen sollten, um zukünftig dem Stress ganz zu entgehen?

Eher nicht, denn das können nur die wenigsten Menschen realisieren, und vielleicht wäre es dir auf Dauer auch ein bisschen zu langweilig, den ganzen Tag nur auf blühende Almwiesen oder anrollende Wellen zu blicken. Dann würde dir vermutlich schon bald etwas positiver Stress im Alltag fehlen.

Wie so oft kommt es auch beim Nichtstun auf die richtige Dosis an, auf das Gleichgewicht zwischen Anstrengung und Erholung. Zum Glück gibt es Wege, eine ähnliche Wirkung zu erzielen und in den Alltag zu integrieren. Es gibt einfache Möglichkeiten, sich wieder zu regenerieren und neue Kräfte zu sammeln, wie auf der Almhütte oder beim Urlaub am Meer:

Ein entspannter Spaziergang im Park, ein gemütlicher Nachmittag auf dem Sofa, der Blick auf einen ruhig dahinfließenden Fluss und zwischendurch einfach mal gar nichts tun und dich herrlich zu langweilen, helfen dir, mit dem Alltagsstress in Zukunft besser klarzukommen.

Es ist nicht zu wenig Zeit, die wir haben, sondern es ist zu viel Zeit, die wir nicht nutzen.

SENECA

Dem Stress entgegenwirken

Wie wichtig das Niksen ist, hast du in den vorigen Kapiteln aus den verschiedensten Blickwinkeln erfahren. Nun kommt es darauf an, das gesunde Nichtstun nach und nach in dein tägliches Leben einzubauen. Mit ein bisschen Übung wird es dir immer besser gelingen, auch in stressigen Lebensphasen – und gerade dann – als Ausgleich genügend Platz für deine Me-Time zu schaffen.

Voraussetzung ist, dass du auf dich achtest und gegensteuerst, wenn die nächste Stresssituation droht. Bevor du darauf wie früher – hektisch, gereizt oder nervös – reagierst und die Situation als »äußeres Übel« empfindest, solltest du dein individuelles Stressempfinden bewusst wahrnehmen und dann dein Stresslevel senken.

Stress ist nicht etwas, das dir einfach widerfährt und dem du nichts entgegenzusetzen hast – du kannst aktiv etwas dagegen tun!

Stressoren erkennen, um sie auszuschalten

Es ist hilfreich, nicht allgemein über zu viel Stress zu stöhnen, sondern seine persönlichen Stressoren zu erkennen. So nennt man die äußeren Ursachen von Stress, also alle Anforderungen, Aufgaben und Belastungen in deinem Leben. Typische Stressoren sind zum Beispiel Leistungs- und Termindruck, Multitasking, Dauererreichbarkeit, ungesunde Ernährung, Bewegungsmangel, Zukunftsängste und zu wenig Erholung. Als wie stressig eine Situation letztlich wahrgenommen wird, ist sehr individuell, hat aber auch mit ihrer Häufigkeit, Vielfalt, Dauer und Intensität zu tun.

Ständig gestresst zu sein, macht dich auf die Dauer krank ...

... und zieht dein soziales Umfeld mit in den negativen Strudel. Auslöser für Stress können eine Über-, aber auch eine Unterforderung im Beruf sein sowie ein mieses Arbeitsklima in der Firma. Gerade bei Frauen ist es häufig die Mehrfachbelastung durch Job, Familie und Haushalt. Konflikte mit dem Partner und den Kindern sind ein ewiger Stressquell, genau wie Geldsorgen, Krankheiten oder Schicksalsschläge.

Doch auch innere Ansprüche wie der Hang zum Perfektionismus, die Ungeduld, der Wunsch, alles zu kontrollieren, die Unfähigkeit, eigene Leistungsgrenzen zu akzeptieren, und das Bedürfnis, es immer allen recht zu machen, sind auf die Dauer ungesund.

Umgekehrt solltest du dir aber manchmal auch ruhig etwas mehr zutrauen. Bevor du dir bei der nächsten Aufgabe, Veränderung oder Belastung denkst: »Das schaffe ich sowieso nicht«, und dir damit selbst Stress machst, versuche, sie als Chance zu begreifen, etwas Neues zu lernen und deine Fähigkeiten zu erweitern. Das funktioniert natürlich nicht immer. Doch ob eine Situation als Stressor oder spannende Herausforderung bewertet wird, hängt oft von deiner eigenen Einstellung ab.

Positiver und negativer Stress: Eustress und Disstress

Natürlich ist Stress nicht grundsätzlich etwas Schlechtes. Er spornt uns zu Leistungen an, die wir ohne eine gewisse Anspannung nicht erreichen würden. Man unterscheidet dabei zwischen positivem Stress, dem Eustress, und dem negativen Disstress. Die angespannte Konzentration eines Sportlers vor einem wichtigen Wettkampf oder die Aufregung vor dem ersten Date bezeichnet man als Eustress. Die Grenzen zwischen Eustress und Disstress sind fließend.

Eine Herausforderung, die du anfänglich als positiv und motivierend empfindest, kann sich sehr schnell in negativen Disstress verwandeln, wenn sie zum Beispiel zu lange andauert.

Ob die Stressfaktoren positiv oder negativ wahrgenommen werden, ist individuell, denn manche Menschen sind eben von Natur aus belastbarer als andere. Trotzdem kann jeder seinen Stress abbauen und lernen, gelassener mit stressigen Situationen umzugehen. Systematisches Entspannen durch Niksen kann dabei helfen, Disstress gezielt vorzubeugen.

Du wirst morgen sein, was du heute denkst.

BUDDHA

Beobachte, in welchen Situationen du dich gestresst fühlst. Meist überrollt dich negativer Disstress, wenn du ständig zu wenig Zeit für dich selbst hast. Deshalb ist es so wichtig, dass du das gesunde Nichtstun zukünftig fest in deinen Alltag einplanst. Setze Prioritäten und mach das Niksen zu einer Gewohnheit, die schließlich ganz natürlich zu deinem Tagesablauf dazugehört.

TIPP

Am Ende dieses Buchs findest du einen Nichtstun-Wochenplan, der dir dabei helfen kann, deine Niksen-Breaks ganz bewusst in den Alltag zu integrieren.

Es gibt
Wichtigeres
im Leben,
als beständig
dessen Geschwindigkeit
zu erhöhen.

MAHATMA GANDHI

KAPITEL 9

NICHTSTUN IN DEN ALLTAG INTEGRIEREN

Inzwischen hast du eine ganze Menge über dich und deine Verhaltensweisen erfahren. Du weißt jetzt, dass es wissenschaftlich erwiesen ist, dass das Nichtstun eine positive Wirkung auf den Blutdruck und das Immunsystem hat. Es ist gesund, einfach mal die Seele baumeln zu lassen, sich Zeit für sich selbst zu nehmen und zu entspannen. Nach diesen Ruhepausen bist du leistungsfähiger, durch bewusstes Abschalten steigt deine Kreativität und du kommst auf neue, bessere Ideen. Oft reichen schon wenige Minuten Auszeit, um Abstand zu einem Thema, zu anderen Menschen in deinem Umfeld oder von emotional belastenden Situationen zu gewinnen, um die Perspektive zu wechseln. Nichtstun-Momente geben dir die Chance, deine eigene Denk- und Handlungsweise positiv zu verändern.

Nichtstun gibt es in aller Welt

Der Grundgedanke des bewussten Nichtstuns ist keine neue Erfindung. Die Italiener genießen das süße Nichtstun als »dolce far niente«. Die aus Finnland stammende Entspannungstechnik »kalsarikännit« bedeutet übersetzt so viel wie »sich in Unterhosen daheim betrinken«, doch im hohen Norden entspannt man auch regelmäßig in der heißen Sauna. »Lagom« ist der schwedische Inbegriff von Ausgeglichenheit, der goldenen Mitte, des »genau richtig«. In Dänemark beschreibt »hygge« das Gefühl von Glück, das sich einstellt, wenn man gemeinsam Zeit verbringt und es sich gemütlich macht. Und in den Niederlanden hat man das gesunde Nichtstun als Niksen wiederentdeckt.

In den USA gibt es seit 1973 sogar einen Gedenktag fürs süße Nichtstun: Am 16. Januar wird der »National Nothing Day« begangen, an dem die Amerikaner ausnahmsweise nicht busy sind, sondern einfach mal nichts tun – nicht durch ihr Leben hetzen, sondern den alltäglichen Stress ignorieren. Der Tag des Nichtstuns erinnert daran, die innere Stopptaste zu drücken, aus der Routine und den gewohnten Automatismen auszubrechen und sich selbst bewusst wahrzunehmen.

Dass ein einziger Nichtstun-Tag im Jahr auf keinen Fall ausreicht, hast du in diesem Buch erfahren. Nun kommt es darauf an, dass du diese Erkenntnis mit in deinen Alltag nimmst. **Befreie dich von irgendwelchen Schuldgefühlen, wenn du nichts tust. Gib dir selbst die Erlaubnis, zwischendurch immer mal wieder eine erholsame Auszeit zu genießen.**

Damit du nicht schon bald wieder in alte Verhaltensmuster zurückfällst, hilft es, wenn du dir einen Plan zum Nichtstun machst, durch den du das gesunde Nichtstun in dein alltägliches Leben nachhaltig integrierst. Plane deine Niksen-Breaks von Montag bis Sonntag fest in deinen Tagesablauf ein und variiere sie von Zeit zu Zeit.

Mein Nichtstun-Wochenplan

Deinen persönlichen »Nichtstun-Wochenplan« hängst du dir am besten an eine gut sichtbare Stelle in deiner Wohnung, damit er dich ermuntert, dich an deine neuen Vorsätze auch wirklich zu halten. Einige Beispiele für Niksen-Momente sind in diesem Wochenplan schon eingetragen. Welche würdest du wählen?

Auf der nächsten Seite kannst du dir deinen eigenen Wochenplan zusammenstellen, dort sind alle Felder für dich freigelassen. Du kannst dir den hübsch gestalteten Plan kopieren und deine Einträge immer wieder flexibel gestalten.

Ich bin mir sicher, dass »Der Zauber des Nichtstuns« dir in Zukunft helfen wird, glücklicher und zufriedener durchs Leben zu gehen. Dabei wünsche ich dir viel Glück und Freude!

BIBO LOEBNAU

MEIN NICHTSTUN-WOCHENPLAN

MONTAG
Tee/Kaffee im Bett

(auf dem Weg zur Arbeit) aus dem Fenster sehen

DIENSTAG

ein Spaziergang im Park

MITTWOCH
Atemmeditation

in den Himmel schauen und die Wolken beobachten

DONNERSTAG

mehrere 5-Minuten-Breaks über den Tag verteilt

FREITAG
von einer Brücke aus auf einen Fluss/Bach schauen

SAMSTAG

Radtour ins Grüne

SONNTAG
Teeritual zu Hause

MEIN NICHTSTUN-WOCHENPLAN

MONTAG

DIENSTAG

MITTWOCH

DONNERSTAG

FREITAG

SAMSTAG

SONNTAG

Glück in Buchform! ♥

Neue Geschenkbücher auf:
www.arsedition.de

Nichts mehr verpassen:
www.arsedition.de/newsletter

In einigen Fällen war es nicht möglich, für den Abdruck der Texte die Rechteinhaber zu ermitteln.
Honoraransprüche der Autoren, Verlage und ihrer Rechtsnachfolger bleiben gewahrt.
© 2020 arsEdition GmbH, Friedrichstr. 9, 80801 München
Alle Rechte vorbehalten

Cover: Flaffy/Shutterstock.com; marish/Shutterstock.com (Vignette);
Innenteil: Shutterstock.com: S. 4, 10, 30, 56, 79, 86, 96, 97, 117, 121: arigato; S. 4, 5, 10, 19, 30, 56, 57, 79, 86, 96, 97, 117,
121: Taty Vouchek; S. 8, 120/121: krungchingpixs; S. 11, 18: Jan Faukner; S. 12, 40, 76, 89, 123: Kate Macate;
S. 16, 17, 64, 72, 73, 114, 115: Tymonko Galyna; S. 22, 23, 37, 54, 70, 71, 126: Luis Quesada Design; S. 26, 31, 34, 44, 47, 60,
62, 66, 74, 82, 83, 98, 99, 101, 104, 105, 108, 123: Eugenia Petrovskaya; S. 27, 45, 118: Troyan; S. 29, 68, 84: Flaffy;
S. 33, 41: 60seconds; S. 38/39: Chamille White; S. 78, 84, 111: Alena Ozerova; S. 106: PV production; S. 109: kahksha
siddiqui; Getty Images: S. 6/7: sinngern; S. 13: Tabitazn; S. 14/15: Linjerry; S. 28: olegbreslautseu; S. 36: Gummy Bone;
S. 46: krblokhin; S. 48: SHODOgraphy; S. 50/51: Thanaphong Araveeporn; S. 52/52: Mizina; S. 58: Maya23K;
S. 60/61: OGI75; S. 67: Kateryna Kovarzh; S. 74: Fizkes; S. 88: Andrei Stanescu; S. 90/91: aapsky; S. 102: Povareshka;
Unsplash: S. 20: Monica-Galentino; S. 24/25, 42: Roman Kraft; S. 35: Javardh; S. 55: Ornella Binni; S. 59: Jean-Marc
Vieregge; S. 63: Estée Janssens; S. 63: Sarah Dorweiler (Blatt); S. 65: Eberhard Grossgasteiger; S. 77: Christian
Holzinger; S. 80/81: Erol Ahmed Al; S. 92/93: Sebastian Staines; S. 95: Sinziana Susa; S. 101: Max Fuchs;
S. 112/113: Dawid Zawila; S. 114: Kristine Cinate; S. 122/123 Hunt Han; S. 124: Amy Humphries.

Covergestaltung: Grafisches Atelier arsEdition
Gestaltung Innenteil: Eva Schindler
Printed by Tien Wah Press
ISBN 978-3-8458-3878-6

www.arsedition.de

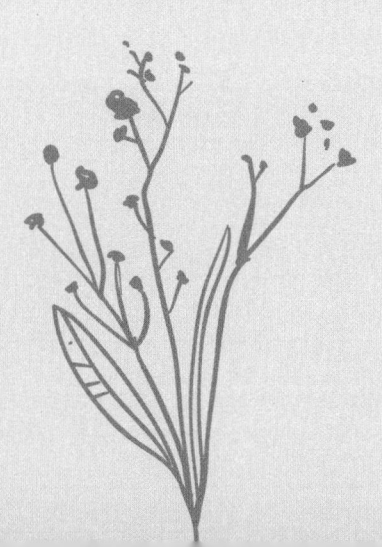